	タイトル	できた度				タイトル	できた度		
1	国語辞典の使い方①	☆	☆☆	☆☆☆	21	動きを表す言葉①	☆	☆☆	☆☆☆
2	国語辞典の使い方②	☆	☆☆	☆☆☆	22	動きを表す言葉②	☆	☆☆	☆☆☆
3	漢字辞典の使い方①	☆	☆☆	☆☆☆	23	つなぎ言葉①	☆	☆☆	☆☆☆
4	漢字辞典の使い方②	☆	☆☆	☆☆☆	24	つなぎ言葉②	☆	☆☆	☆☆☆
5	漢字辞典の使い方③	☆	☆☆	☆☆☆	25	つなぎ言葉③	☆	☆☆	☆☆☆
6	漢字辞典の使い方④	☆	☆☆	☆☆☆	26	百人一首	☆	☆☆	☆☆☆
7	漢字辞典の使い方⑤	☆	☆☆	☆☆☆	27	百人一			
8	ことわざ①	☆	☆☆	☆☆☆	28	百人一			
9	ことわざ②	☆	☆☆	☆☆☆	29	ローマ字①			
10	ことわざ③	☆	☆☆	☆☆☆	30	ローマ字②	☆	☆☆	☆☆☆
11	ことわざ④	☆	☆☆	☆☆☆	31	都道府県①	☆	☆☆	☆☆☆
12	図書館へ行こう	☆	☆☆	☆☆☆	32	都道府県②	☆	☆☆	☆☆☆
13	慣用句①	☆	☆☆	☆☆☆	33	都道府県③	☆	☆☆	☆☆☆
14	慣用句②	☆	☆☆	☆☆☆	34	都道府県④	☆	☆☆	☆☆☆
15	慣用句③	☆	☆☆	☆☆☆	35	漢字の書き①	☆	☆☆	☆☆☆
16	主語・述語・修飾語①	☆	☆☆	☆☆☆	36	漢字の書き②	☆	☆☆	☆☆☆
17	主語・述語・修飾語②	☆	☆☆	☆☆☆	37	漢字の書き③	☆	☆☆	☆☆☆
18	主語・述語・修飾語③	☆	☆☆	☆☆☆	38	漢字の書き④	☆	☆☆	☆☆☆
19	主語・述語・修飾語④	☆	☆☆	☆☆☆	39	漢字の書き⑤	☆	☆☆	☆☆☆
20	主語・述語・修飾語⑤	☆	☆☆	☆☆☆	40	漢字の書き⑥	☆	☆☆	☆☆☆

	タイトル	できた度				タイトル	できた度		
41	漢字の書き⑦	☆	☆☆	☆☆☆	61	小さい太郎の悲しみ	☆	☆☆	☆☆☆
42	漢字の書き⑧	☆	☆☆	☆☆☆	62	はだかの王さま	☆	☆☆	☆☆☆
43	漢字クロス①	☆	☆☆	☆☆☆	63	トロッコ①	☆	☆☆	☆☆☆
44	漢字クロス②	☆	☆☆	☆☆☆	64	トロッコ②	☆	☆☆	☆☆☆
45	漢字しりとり	☆	☆☆	☆☆☆	65	トロッコ③	☆	☆☆	☆☆☆
46	漢字の読み①	☆	☆☆	☆☆☆	66	トロッコ④	☆	☆☆	☆☆☆
47	漢字の読み②	☆	☆☆	☆☆☆	67	花をうめる	☆	☆☆	☆☆☆
48	漢字の読み③	☆	☆☆	☆☆☆	68	セロ弾きのゴーシュ	☆	☆☆	☆☆☆
49	漢字の読み④	☆	☆☆	☆☆☆	69	赤いろうそくと人魚	☆	☆☆	☆☆☆
50	漢字の読み⑤	☆	☆☆	☆☆☆	70	さくらさくら（童よう）	☆	☆☆	☆☆☆
51	音読みと訓読み①	☆	☆☆	☆☆☆	71	お米のおかし	☆	☆☆	☆☆☆
52	音読みと訓読み②	☆	☆☆	☆☆☆	72	レンコンのあな	☆	☆☆	☆☆☆
53	音読みと訓読み③	☆	☆☆	☆☆☆	73	グレープフルーツ	☆	☆☆	☆☆☆
54	音読みと訓読み④	☆	☆☆	☆☆☆	74	あせはなぜ、出るの？	☆	☆☆	☆☆☆
55	音読みと訓読み⑤	☆	☆☆	☆☆☆	75	時計のはり	☆	☆☆	☆☆☆
56	送りがな①	☆	☆☆	☆☆☆	76	かぜを引くと	☆	☆☆	☆☆☆
57	送りがな②	☆	☆☆	☆☆☆	77	ねこは寒さに弱いの？	☆	☆☆	☆☆☆
58	送りがな③	☆	☆☆	☆☆☆	78	お金を作るためのお金	☆	☆☆	☆☆☆
59	漢字の部首①	☆	☆☆	☆☆☆	79	なぜ、アンデスメロン？	☆	☆☆	☆☆☆
60	漢字の部首②	☆	☆☆	☆☆☆	80	学校の先生の仕事	☆	☆☆	☆☆☆

毎日5分間でやる気脳に

このドリルは、国語の基礎・基本を
細かいステップで組み立ててあり、
短時間で、順を追って無理なく学習できます。
子どもたちが興味を持って取り組めるよう
短い内容でのせています。

お子さんが1ページやり終えることに、
しっかりほめてあげてください。

ほめられることで脳から
ドーパミン（脳のホルモン）が出て、
「やる気が育つ」ことが
科学的に確認されています。

「5分間国語ドリル」で、
やる気脳を育てましょう！

「ドリルをする」
↓
「ほめられる」
↓
「ドーパミンが出る」
↓
「やる気が育つ」

この循環で、子どもの脳はきたえられ、
かしこくなっていきます。
そうなるように工夫して、このドリルを
作りました。

ドリルをする → ほめられる → ドーパミンが出る → やる気が育つ

5分間国語ドリルの特色

一日5分、集中してできる

子どもたちが興味を示しそうな内容を短い文章・設問にしたので、楽しく取り組めます。

毎日続けられる

家庭学習の習慣がつきます。

丸つけも、かんたん

問題数が少ないので、丸つけも負担になりません。

つまった問題は、もう一度挑戦してください。

1 国語辞典の使い方①

国語辞典で言葉を調べると、次のような意味が書いてありました。それぞれにふさわしい意味を［　］から選んで記号を書きましょう。

1 「あける」

① （　） 夜があける
② （　） 家をあける
③ （　） 戸をあける

㋐ 空にする　㋑ とじていたものを開く　㋒ 朝になる

2 「きげん」

① （　） 妹のきげんが悪い
② （　） 手話のきげんについて調べる
③ （　） 宿題のきげんを守る

㋐ 時期・期間　㋑ 物事のおこり　㋒ 気分

2 国語辞典の使い方②

1 次の二つの言葉を国語辞典(こくごじてん)で引くとき、先に出てくる方に○をつけましょう。

① (　　)あぶら
(　　)あひる

② (　　)じゅう
(　　)じゆう

③ (　　)こおり
(　　)コーヒー

2 次の言葉を国語辞典で引くとき、出てくる順番(じゅんばん)を数字で書きましょう。

① あめ(　　)
あまど(　　)
あまぐも(　　)
あまだれ(　　)

② ボール(　　)
ボウル(　　)
ぼうし(　　)
ぼう(　　)

③ きょうぎ(　　)
きょうし(　　)
きょうざい(　　)
ぎょうじ(　　)

3 漢字辞典の使い方①

「街」という漢字を調べます。次の場合は、どんな調べ方がよいですか。［　］から選んで記号を書きましょう。

① 「まち」という読み方しかわかりません。（　　）

② 「ぎょうがまえ」という部首だと知っています。（　　）

③ 部首も読み方もわかりません。（　　）

㋐ 部首引き　㋑ 音訓引き　㋒ 総画引き

4 漢字辞典の使い方②

次の漢字の部首を□に、部首名を［　］から選んで（　）に記号で書きましょう。

〈例〉億…［イ］（オ）

① 宿…［　］（　）

② 住…［　］（　）

③ 軽…［　］（　）

④ 決…［　］（　）

⑤ 岸…［　］（　）

⑥ 急…［　］（　）

ア さんずい　イ うかんむり　ウ こころ
エ やま　オ にんべん　カ くるまへん

5 漢字辞典の使い方③

次の漢字の音読みをかたかなで書き、総画数を数字で書きましょう。

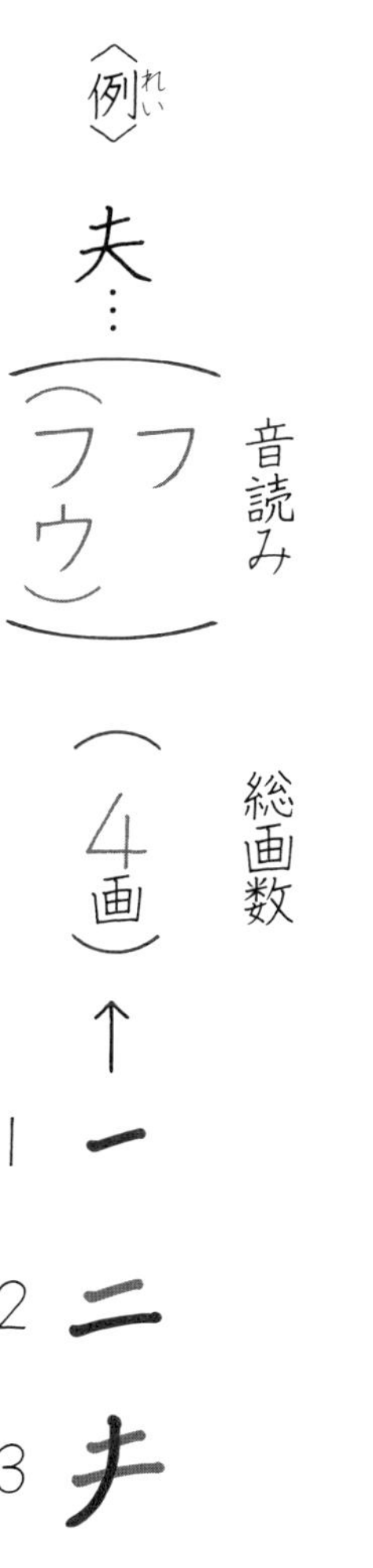

	漢字	音読み	総画数
①	週	（　　）	（　　画）
②	式	（　　）	（　　画）
③	宮	（　　）	（　　画）
④	勝	（　　）	（　　画）
⑤	区	（　　）	（　　画）
⑥	都	（　　）	（　　画）

6 漢字辞典の使い方④

漢字辞典では、雨（あめかんむり）囗（くにがまえ）などのように、同じ部首をもつ漢字が一まとまりになっています。

部首は漢字を引くための見出しになっていて、画数の少ない順にならんでいます。

次の漢字の部首の読み方を［　］から選んで記号で書き、部首の画数を数字で書きましょう。

部首の画数

① 上→［　］（　画）

② 開→［　］（　画）

③ 点→［　］（　画）

④ 印→［　］（　画）

㋐ いち　㋑ もんがまえ　㋒ れっか・れんが　㋓ ふしづくり

7 漢字辞典の使い方⑤

次の漢字を漢字辞典で調べます。（　）に合う言葉を書きましょう。総画数は数字で、音読みはかたかなで書きましょう。

① 塩

読み　　部首

㋐ 部首は（　　）（　　　）で、

㋑ 総画数は（　　）画です。

㋒ 音読みは（　　）で、

㋓ 訓読みは（　　）です。

② 栄

読み　　部首

㋐ 部首は（　　）（　　　）で、

㋑ 総画数は（　　）画です。

㋒ 音読みは（　　）で、

㋓ 訓読みは（　　・　　）です。

8 ことわざ①

1 「ことわざ」の説明（せつめい）として、合うものに一つ○をつけましょう。

㋐（　　　）世の中で、はやった言葉。

㋑（　　　）昔から伝（つた）わる、生活に役立つ知恵（ちえ）等を伝える短い言葉。

㋒（　　　）思わず笑（わら）ってしまうような楽しい言葉。

2 次のことわざには、動物の名前が入ります。［　　］から選（えら）んで答えましょう。

① とらぬ（　　　）の皮算用（かわざんよう）

② 能（のう）ある（　　　）はつめをかくす

③ 立つ（　　　）あとをにごさず

［へび　たか　鳥　たぬき　さる］

9 ことわざ②

次のことわざの意味を［　］から選んで記号で書きましょう。

①（　　　）かわいい子には旅をさせよ

②（　　　）負けるが勝ち

③（　　　）ちりも積もれば山となる

④（　　　）石橋をたたいてわたる

㋐ 無理をして勝つよりも、相手にゆずって負けた方がいいこと

㋑ わずかなものでも積もり重なれば山のように大きなものになること

㋒ 子どもが本当にかわいいのなら苦労をさせた方がいいこと

㋓ 用心の上にも用心深く物事を行うこと

10 ことわざ③

次のことわざの意味を国語辞典で調べましょう。

① 転ばぬ先のつえ

② 人のふり見てわがふり直せ

③ 三度目の正直

④ 急がば回れ

11 ことわざ④

次のことわざの意味を国語辞典（こくごじてん）で調べましょう。

① 石の上にも三年

② 後は野となれ山となれ

③ 馬の耳に念仏（ねんぶつ）

④ 鬼（おに）に金棒（かなぼう）

12 図書館へ行こう

1 図書館の本は、「日本十進分類法」（※じゅっしん とも読む）で分けられています。次の書名は、どの分類になりますか。［　］から選んで、数字で書きましょう。

① 『ねこの種類について』（　　）

② 『オーケストラについて』（　　）

③ 『新美南吉の物語について』（　　）

0 総記
1 哲学
2 歴史
3 社会科学
4 自然科学
5 技術
6 産業
7 芸術
8 言語
9 文学

2 本の背にはられたラベルに書かれている「図書記号」（矢印）は、何を表していますか。［　］から選んで記号で答えましょう。

765
カ
1

→ カ（　　）

㋐ 書いた人の名前（著者名）
㋑ 本の題名（タイトル）
㋒ 本を作った会社の名前（出版社名）

13 慣用句①

言葉の組み合わせで特別(とくべつ)な意味を持つ言い回しを慣用句(かんようく)と言います。
次の文の意味を［　］から選(えら)んで記号を書きましょう。

① 息が長い（　）

② 息が合う（　）

③ 息をこらす（　）

④ 息がつまる（　）

⑤ 息が切れる（　）

㋐ 息を止めてじっとしている
㋑ たがいの気持ちや調子がぴったりと合う
㋒ 長い期間にわたって一つのことを続(つづ)ける
㋓ 急に息が苦しくなる
㋔ こきゅうがしにくい　物事をとちゅうでやめる

14 慣用句②

次の慣用句と、その正しい意味を線で結びましょう。

① 口が重い ・
② 耳をかす ・
③ 目もくれない ・
④ 顔が広い ・
⑤ 手がかかる ・

・ ㋐ 関心がない
・ ㋑ 世話がやける
・ ㋒ 知り合いが多い
・ ㋓ 口数が少ない
・ ㋔ 人の意見を聞く

15 慣用句③

次の（　）に合う慣用句を［　］から選んで、記号で書きましょう。

① 友だちと集まって（　　）。

② 自転車とぶつかりそうになり、（　　）。

③ その話は、（　　）ほど聞かされた。

④ 熱心に練習して（　　）。

⑤ 今さら　くやんでも（　　）だ。

㋐ 後の祭り　㋑ 耳にたこができる　㋒ 息をのむ

㋓ うでを上げる　㋔ 話に花がさく

16 主語・述語・修飾語①

「主語」は、「何が（は）」「だれが（は）」「〜も」にあたる言葉です。
次の文の主語に——を引きましょう。

① 妹が　すばやく　走る。

② 白い　ねこが　追いかける。

③ 庭の　花が　とても　きれいだ。

④ 運動場で　子どもが　楽しく　遊ぶ。

⑤ 大きな　鳥が　水池を　飛(と)び立った。

17 主語・述語・修飾語②

「述語（じゅつご）」は、「どうする」「何だ」「どんなだ」にあたる言葉です。
次の文の述語（じゅつご）に〜〜〜を引きましょう。

① 葉っぱが　落ちている。

② わたしは　本を　借（か）りました。

③ けさ、あさがおが　三つ　さいた。

④ 毎年　夏に　父は　山へ　行っている。

⑤ おいしいよ、この　オムライスは。

18 主語・述語・修飾語③

ある言葉をくわしくする言葉を「修飾語（しゅうしょくご）」といいます。
次の文の、――の言葉の修飾語をさがして書きましょう。

① 小さな　ねこが　いる。
（　　）（　　）

② 花が　とても　きれいだ。
（　　）（　　）

③ 赤ちゃんが、おいしそうに　飲んだ。
（　　）

④ かわいい　犬が、じっと　ぼくを　見ている。
（　　）（　　）

⑤ きのう、ぼくは　動物園に　行った。
（　　）（　　）

19 主語・述語・修飾語④

次の――の言葉（修飾語）は、どの言葉をくわしくしていますか。その言葉に〜〜〜を引きましょう。

① 赤い　太陽が、海に　しずんでいく。

② 雨で、川が　いきおいよく　流れている。

③ 雪に　おおわれていた　地面が　見える。

④ 早く　運動場で　遊びたい。

⑤ うすい　けむりが、ゆらゆら　ゆれる。

20 主語・述語・修飾語⑤

例のように、次の文から、主語、述語、修飾語をさがしましょう。
主語は□、述語は〰〰、主語の修飾語には——を引きましょう。

例 新しい ビルは 図書館だ。

① ぼうしの 男の子は、わたしの 弟です。

② 庭の 花が きれいです。

③ 学校の 給食員さんは、とても おいしい 料理を 作る。

④ ぼくの 父は、夕食に カレーライスを 作りました。

21 動きを表す言葉①

次の文の動き言葉を、例(れい)のように形を変えて書きましょう。

例 **書く**
㋐ 弟は、夏休みに毎日 絵日記を（書いた）。
㋑ 弟は、毎日 絵日記を（書かない）。
㋒ 弟は、毎日 絵日記を（書こう）と思った。

① **消す**
㋐ 花火の火を、すぐに（　　）。
㋑ 花火の火を、兄はすぐに（　　）。
㋒ 花火の火を、すぐに（　　）と思った。

② **歩く**
㋐ わたしは、きのう 公園まで（　　）。
㋑ わたしは、毎日 公園まで（　　）。
㋒ わたしは、毎日 公園まで（　　）と思った。

22 動きを表す言葉②

次の文の動き言葉を、例(れい)のように形を変(か)えて書きましょう。

例 おじいちゃんは、きのうステーキを食べる。→（食べた）

① きのう母が、姉におつかいをたのむ。→（　　）

② 兄が新しく買うくつをわすれた。→（　　）

③ 父は、さっき駅まで妹をむかえに行く。→（　　）

④ 台風が近づくから、雨が強くなった。→（　　）

⑤ 冷(れい)ぞう庫にあるケーキが、もうない。→（　　）

⑥ 弟がこぼすジュースを、ふいた。→（　　）

23 つなぎ言葉①

次の文に合うつなぎ言葉を［　］から選んで書きましょう。
（一度使った言葉は使いません。）

① 試合に勝った。（　　　）、練習していたからだ。

② ぼくは野球が好きだ。（　　　）、サッカーも好きだ。

③ 熱が出た。（　　　）、学校を休んだ。

④ ぼくは、カレーとピザを食べ（　　　）、ケーキも食べた。

⑤ 冬は寒い。（　　　）、ことしの冬はあたたかかった。

そのうえ　なぜなら　だから　それに　しかし

24 つなぎ言葉②

意味がよくわかるように（　）に合う言葉を［　］から選(えら)んで書きましょう。
（一度使った言葉は使いません。）

① 今日は日曜日だ。（　　　）、電車内に人が多い。

② 春になった（　　　）、花がさいている。

③ 早めに家を出た（　　　）、ちこくした。

④ ドアの前に立つ（　　　）、自動的(じどうてき)に開いた。

⑤ 人も通る（　　　）、車も通る道。

［ が　と　ので　し　だから ］

25 つなぎ言葉③

次の言葉と同じ働きをするものを選んで、線で結びましょう。

① そのため ・　　・ ㋐ しかも　また

② さて ・　　・ ㋑ でも　ところが

③ けれども ・　　・ ㋒ それで　だから

④ そのうえ ・　　・ ㋓ それとも　あるいは

⑤ または ・　　・ ㋔ では　ところで

26 百人一首①

次の説明の（　）に合う言葉を[　]から選んで書きましょう。

① 百人一首は、昔の有名な（　　）を百首集めたものです。

② 短歌は、五・七・五・（　　）・（　　）の（　　）で表されます。

③ 昔の人は、（　　）や自然、人生、人を思う気持ちを短歌にこめました。

七　七　三十一音　短歌　季節

27 百人一首②

次の百人一首を読んで、歌の意味を［　］から選んで（　）に書きましょう。

奥山に　もみぢふみ分け　鳴く鹿の
声聞く時ぞ　秋は悲しき

意味

人里はなれた（①　　）で、
一面に散った（②　　）をふみ分けながら、
鳴く（③　　）の声を聞くと、
秋の（④　　）がいっそう感じられるものだ。

海　山　もみじ　花　馬　鹿　喜び　悲しさ

28 百人一首③

上の句と下の句を線で結び、正しい百人一首にしましょう。

①
人はいさ
心も知らず
ふるさとは

②
天の原
ふりさけみれば
春日なる

③
春すぎて
夏来にけらし
白妙の

㋐
三笠の山に
出でし月かも

㋑
衣ほすてふ
天の香具山

㋒
花ぞ昔の
香ににほひける

29 ローマ字①

 次のローマ字をひらがなで書きましょう。

①　ame（　　　　）
②　ika（　　　　）
③　neko（　　　　）
④　kitte（　　　　）

⑤　gakkô（　　　　）
⑥　rakko（　　　　）
⑦　otôsan（　　　　）
⑧　sansû（　　　　）

⑨　sôji（　　　　）
⑩　pan'ya（　　　　）
⑪　sen'en（　　　　）
⑫　han'nin（　　　　）

30 ローマ字②

□1 次の言葉をローマ字で書きましょう。

① たぬき

② にんぎょう

③ コップ

④ べんきょう

⑤ ちゅうしゃ

⑥ きんぎょ

□2 次の言葉を、コンピュータで入力するとき、どのように入力しますか。アルファベットで書きましょう。

① あしたは　テストを　がんばろう。

ha

② こくごの　じゅぎょうが　ある。

31 都道府県①

次の□にあてはまる、都道府県(とどうふけん)名の漢字を書きましょう。

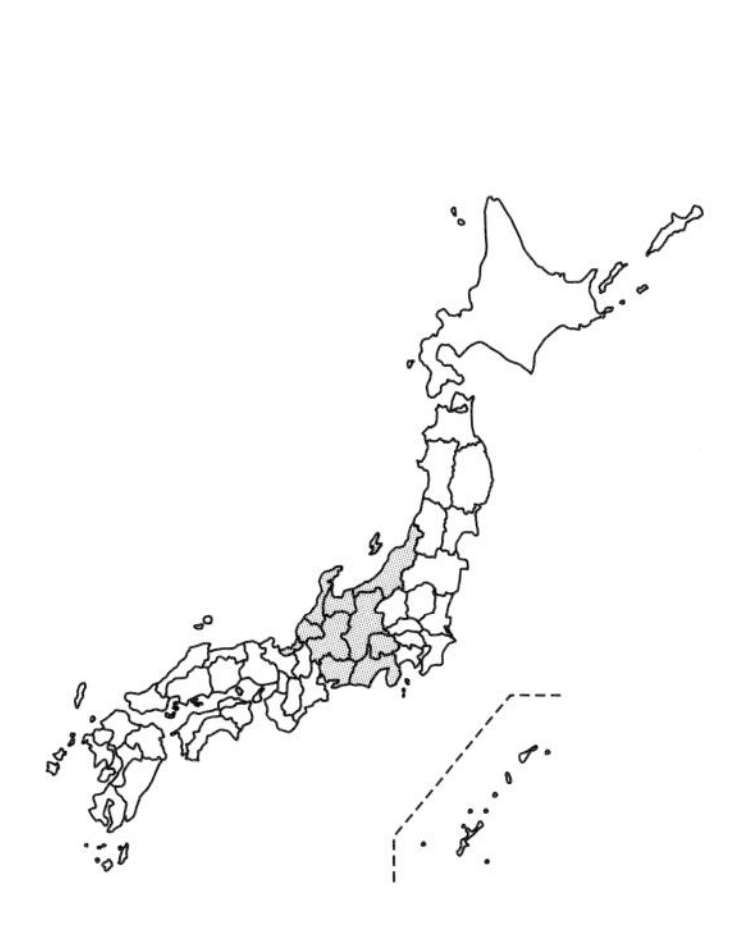

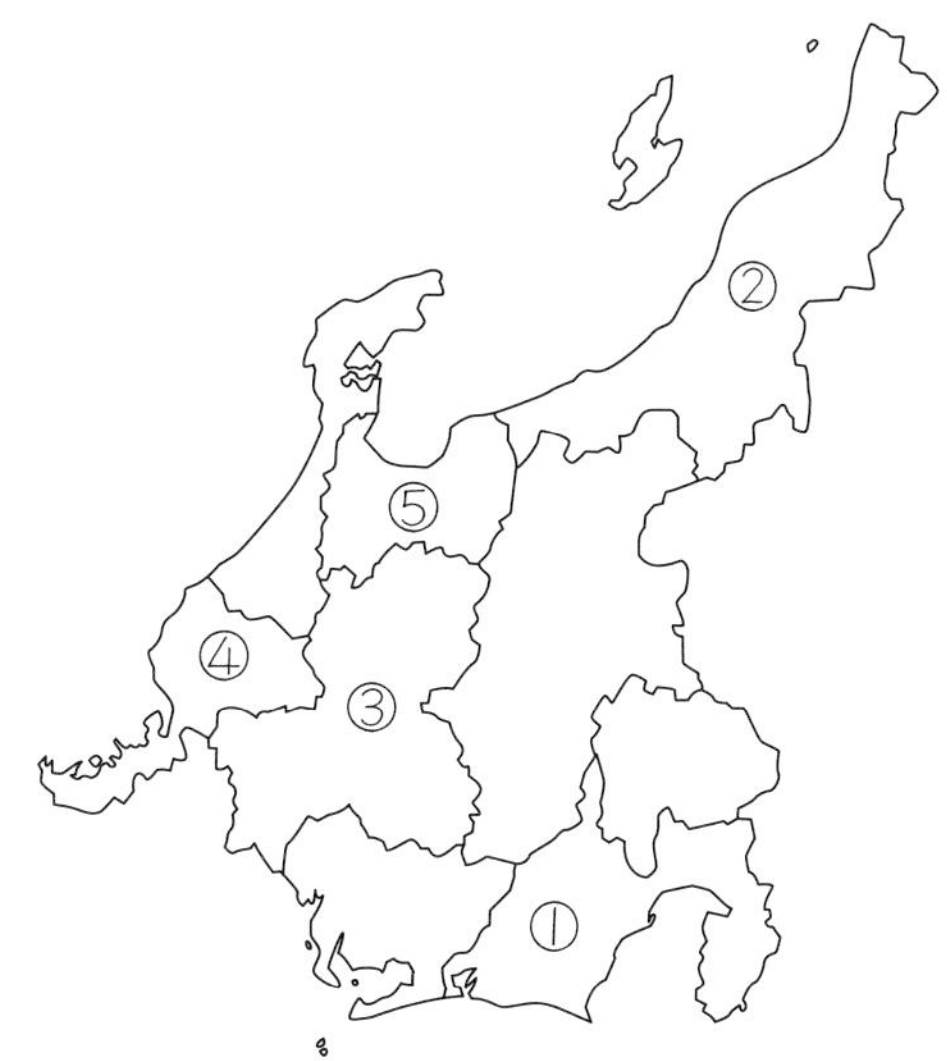

① お茶と富士(ふじ)山、静(しず)□(おか)県

② おいしい米どころ新(にい)□(がた)県

③ 関ケ原(せきがはら)の戦(たたか)いがあった□(ぎ)□(ふ)県

④ きょうりゅう博物館(はくぶつかん)は福(ふく)□(い)県

⑤ □(と)山(やま)県には、黒部(くろべ)ダムがある

32 都道府県②

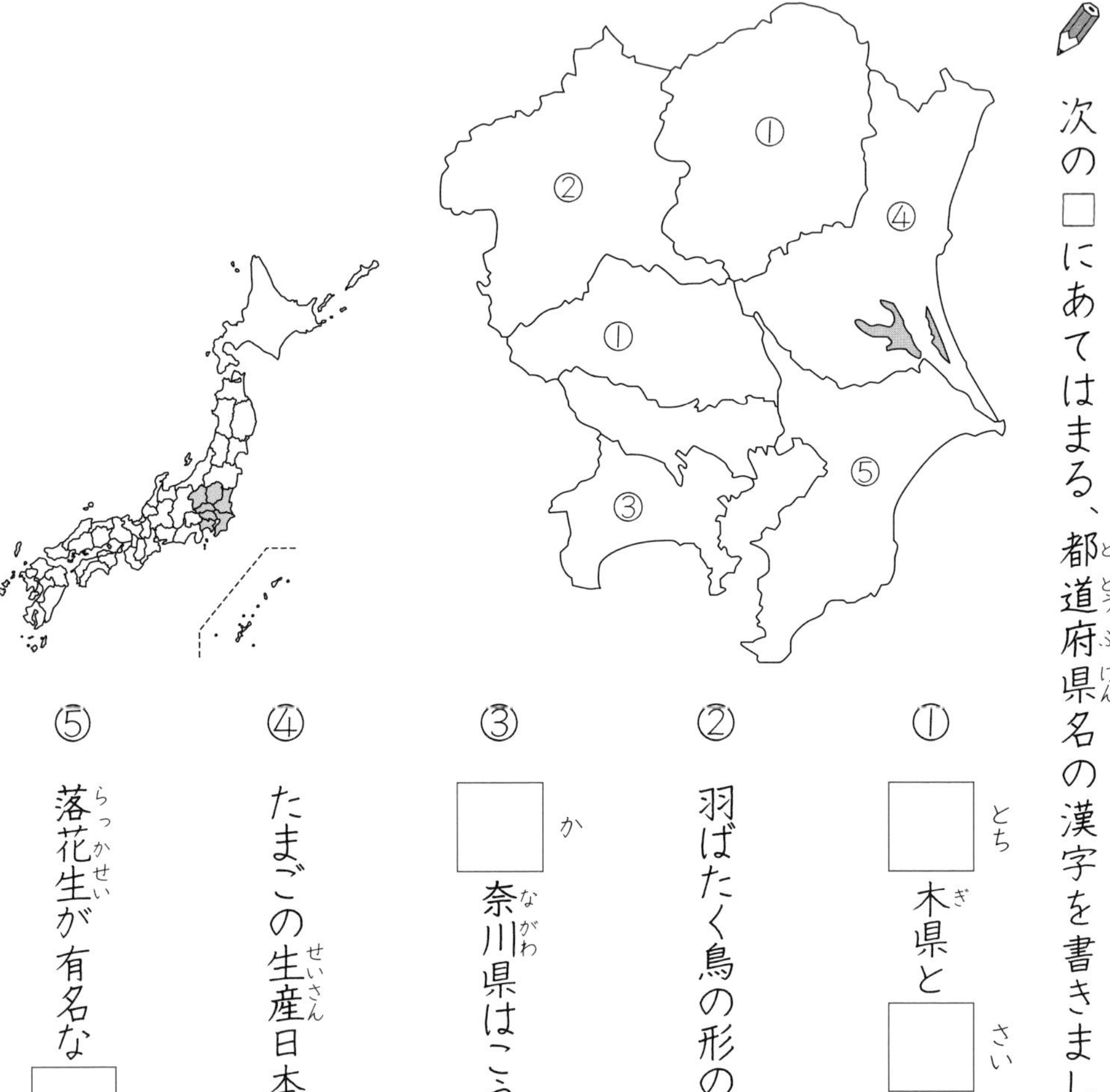

次の□にあてはまる、都道府県名の漢字を書きましょう。

①　□木県と□玉県を通る新かん線

②　羽ばたく鳥の形の□馬県

③　□奈川県はこう雨量が少ない

④　たまごの生産日本一、茨□県

⑤　落花生が有名な□葉県

33 都道府県③

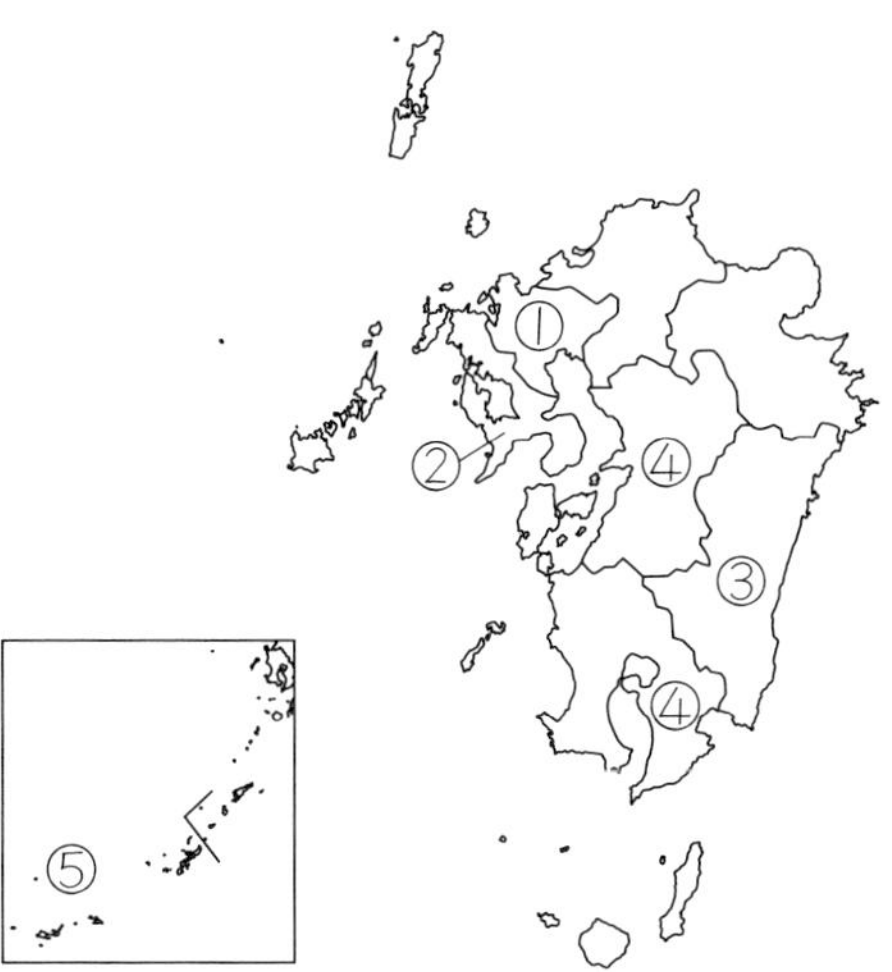

次の□にあてはまる、都道府県名の漢字を書きましょう。

① 干潟が有名な□賀県

② カステラといえば長□県

③ マンゴーといえば宮□県

④ 阿蘇山の□本県、桜島の□児島県

⑤ □□県の美しい海

34 都道府県④

次の□にあてはまる、都道府県(とどうふけん)名の漢字を書きましょう。

① 日本一の湖のある □(し)□(が)県

② お好(この)み焼(や)きといえば大(おお)□(さか)府

③ シカがいる公園がある □(な)□(ら)県

④ あわじ島は、□(ひょう)□(ご)県にある

⑤ みかんと梅(うめ)なら、□(わ)□(か)山(やま)県

35 漢字の書き①

次の漢字を書きましょう。

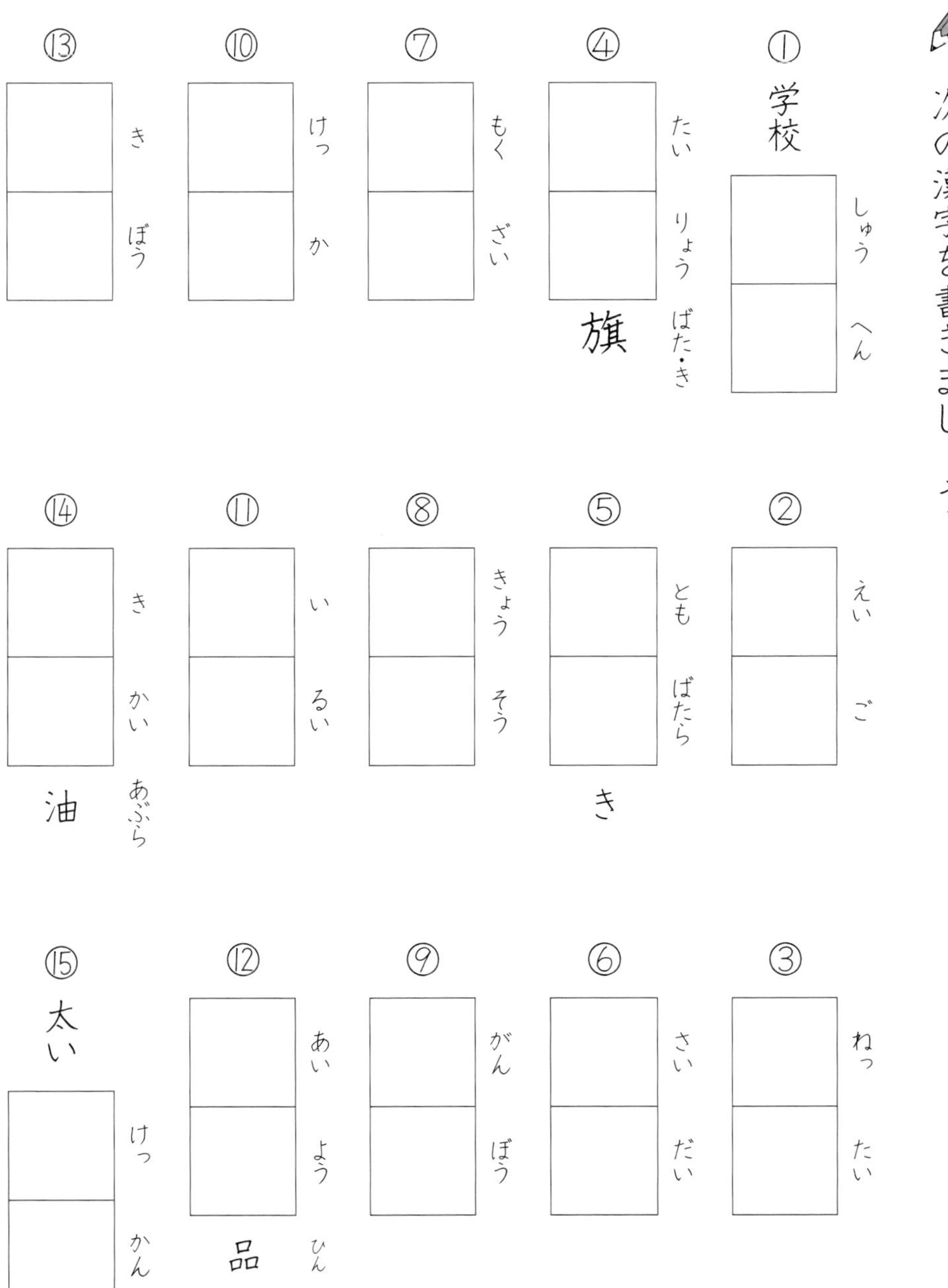

① 学校 しゅう へん

② えい ご

③ ねっ たい

④ たい りょう ばた・き 旗

⑤ とも ばたら き

⑥ さい だい

⑦ もく ざい

⑧ きょう そう

⑨ がん ぼう

⑩ けっ か

⑪ い るい

⑫ あい よう ひん 品

⑬ き ぼう

⑭ き かい あぶら 油

⑮ 太い けっ かん

36 漢字の書き②

次の漢字を書きましょう。

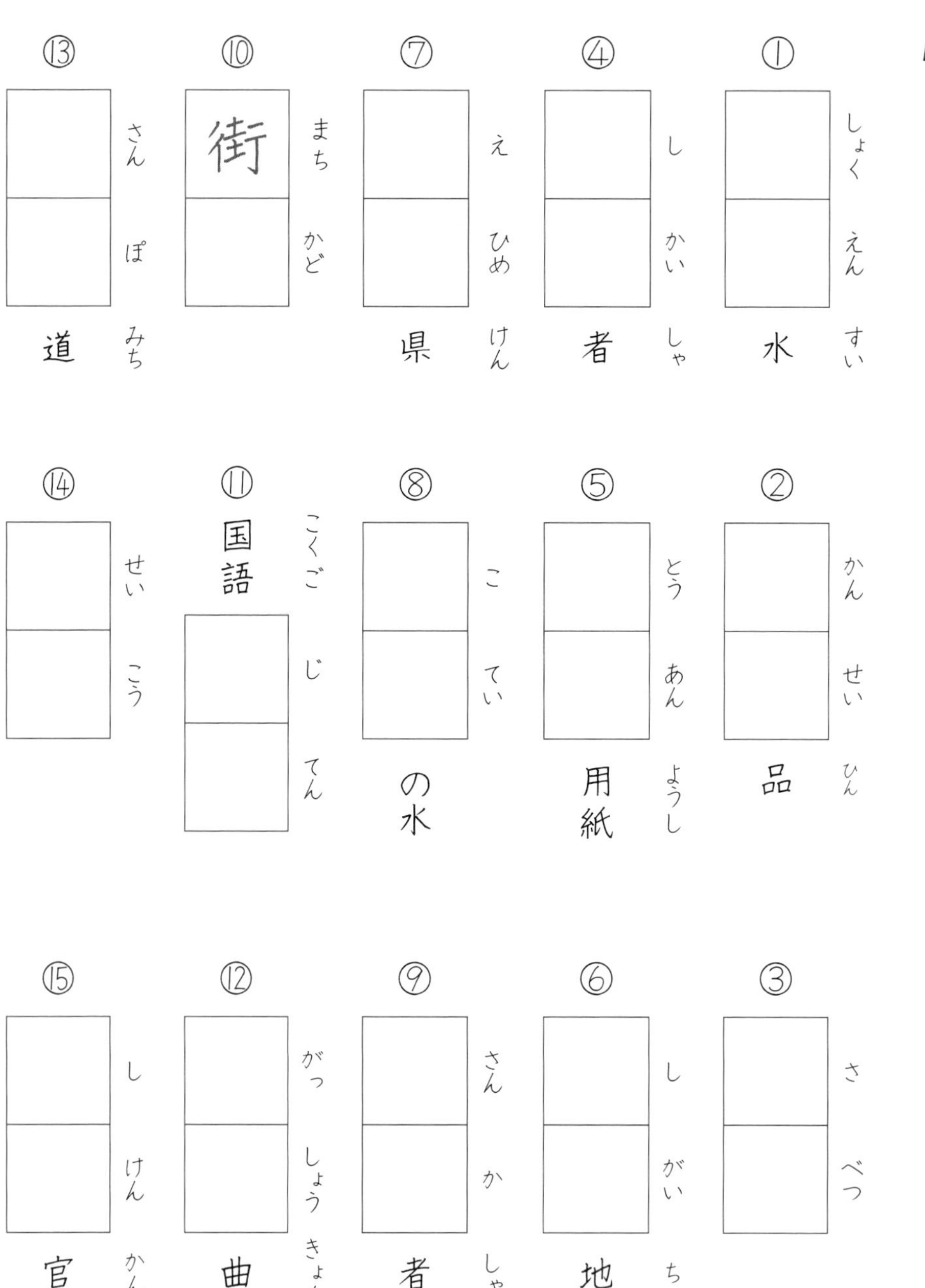

① しょく／えん　水（すい）

② かん／せい　品（ひん）

③ さ／べつ

④ し／かい　者（しゃ）

⑤ とう／あん　用紙（ようし）

⑥ し／がい　地（ち）

⑦ え／ひめ　県（けん）

⑧ こ／てい　の水

⑨ さん／か　者（しゃ）

⑩ まち／かど　街

⑪ 国語（こくご）　じ／てん

⑫ がっ／しょう　曲（きょく）

⑬ さん／ぽ　道（みち）

⑭ せい／こう

⑮ し／けん　官（かん）

37 漢字の書き③

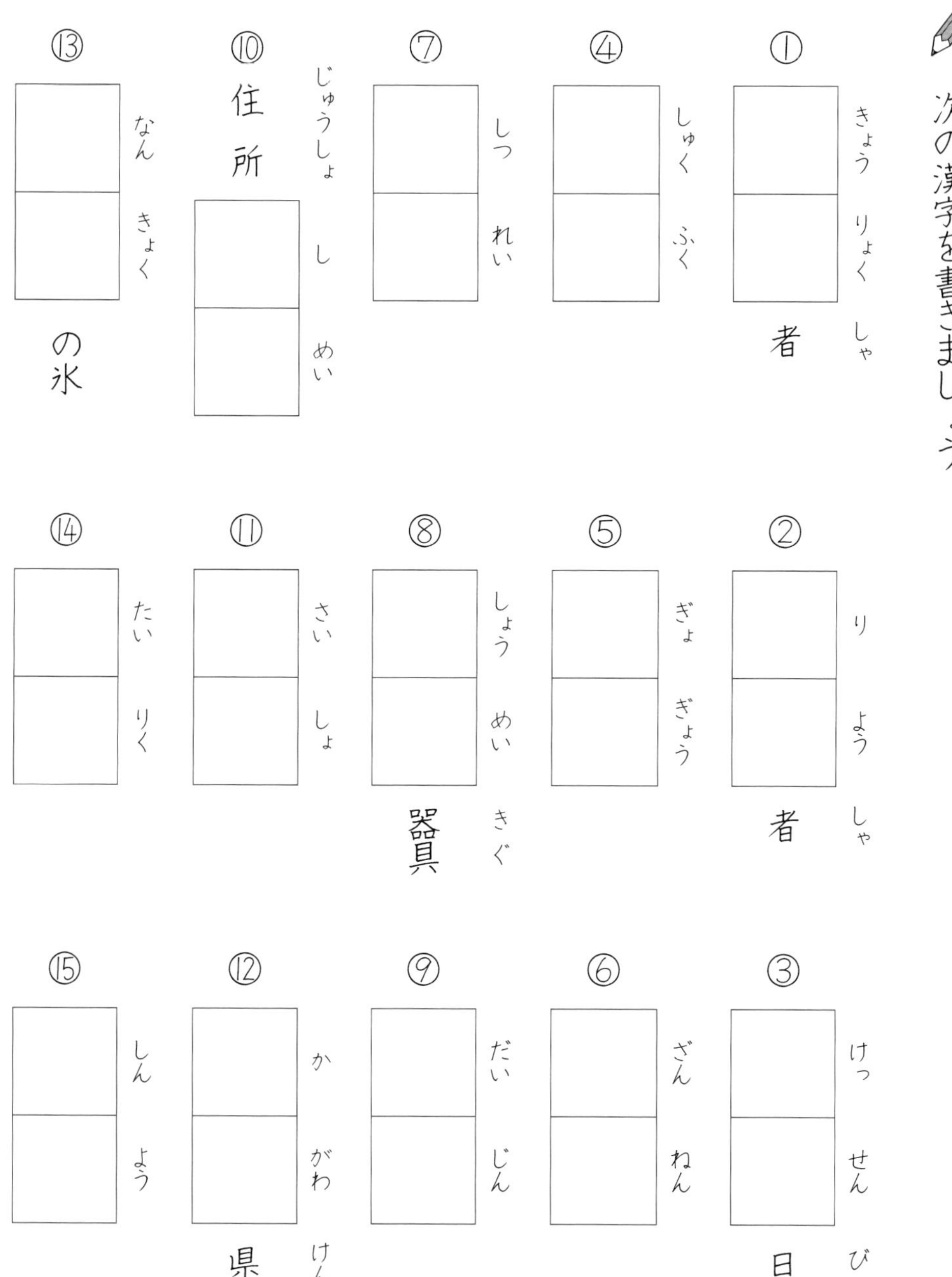

次の漢字を書きましょう。

① きょう　りょく　□□者（しゃ）

② り　よう　□□者（しゃ）

③ けっ　せん　□□日（び）

④ しゅく　ふく　□□

⑤ ぎょ　ぎょう　□□

⑥ ざん　ねん　□□

⑦ しつ　れい　□□

⑧ しょう　めい　□□器具（きぐ）

⑨ だい　じん　□□

⑩ 住所（じゅうしょ）　し　めい　□□

⑪ さい　しょ　□□

⑫ か　がわ　□□県（けん）

⑬ なん　きょく　□□の氷

⑭ たい　りく　□□

⑮ しん　よう　□□

38 漢字の書き④

次の漢字を書きましょう。

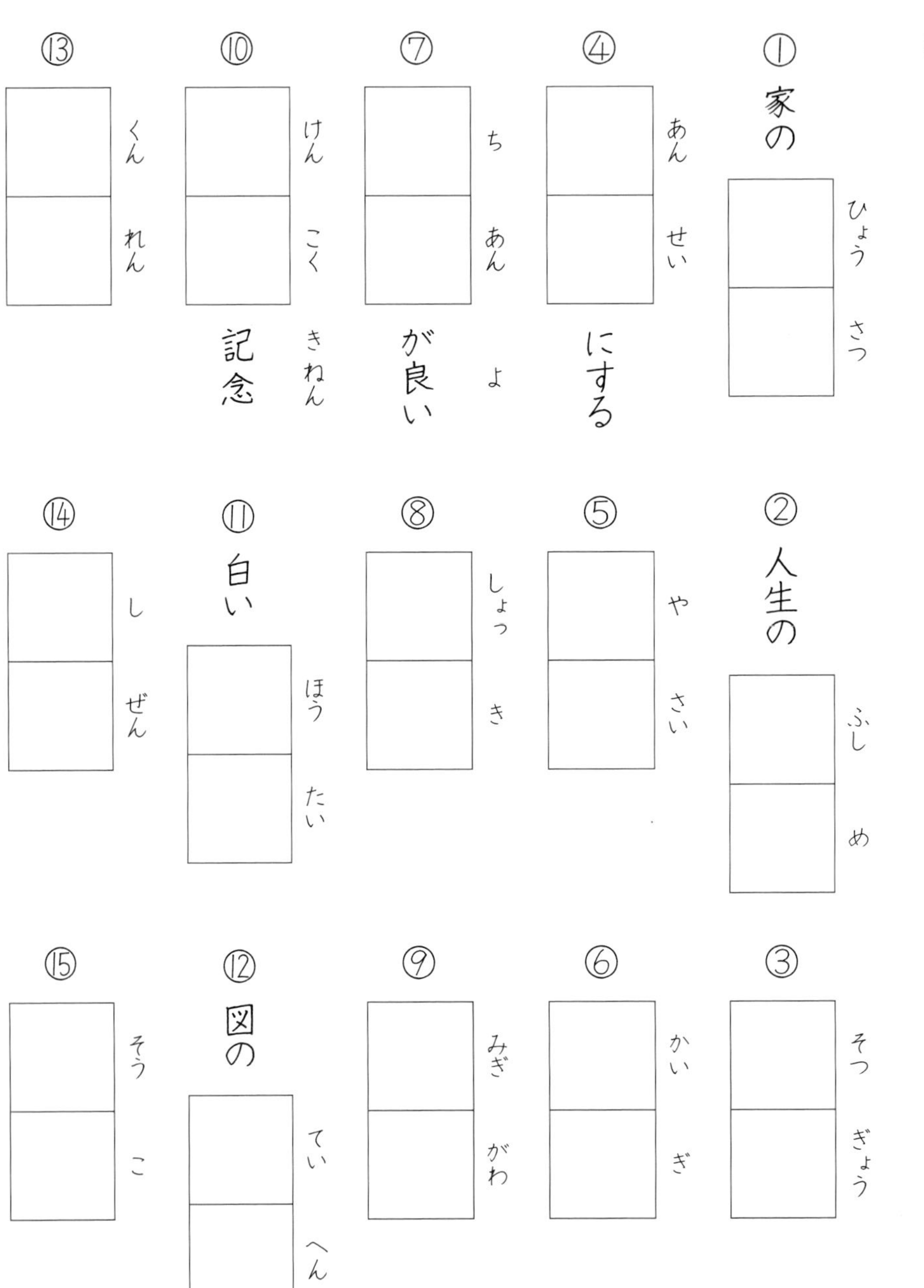

① 家の［ひょうさつ］

② 人生の［ふしめ］

③ ［そつぎょう］

④ ［あんせい］にする

⑤ ［やさい］

⑥ ［かいぎ］

⑦ ［ちあん］が良い(よ)

⑧ ［しょっき］

⑨ ［みぎがわ］

⑩ ［けんこく］記念(きねん)

⑪ 白い［ほうたい］

⑫ 図の［ていへん］

⑬ ［くんれん］

⑭ ［しぜん］

⑮ ［そうこ］

39 漢字の書き⑤

次の漢字を書きましょう。

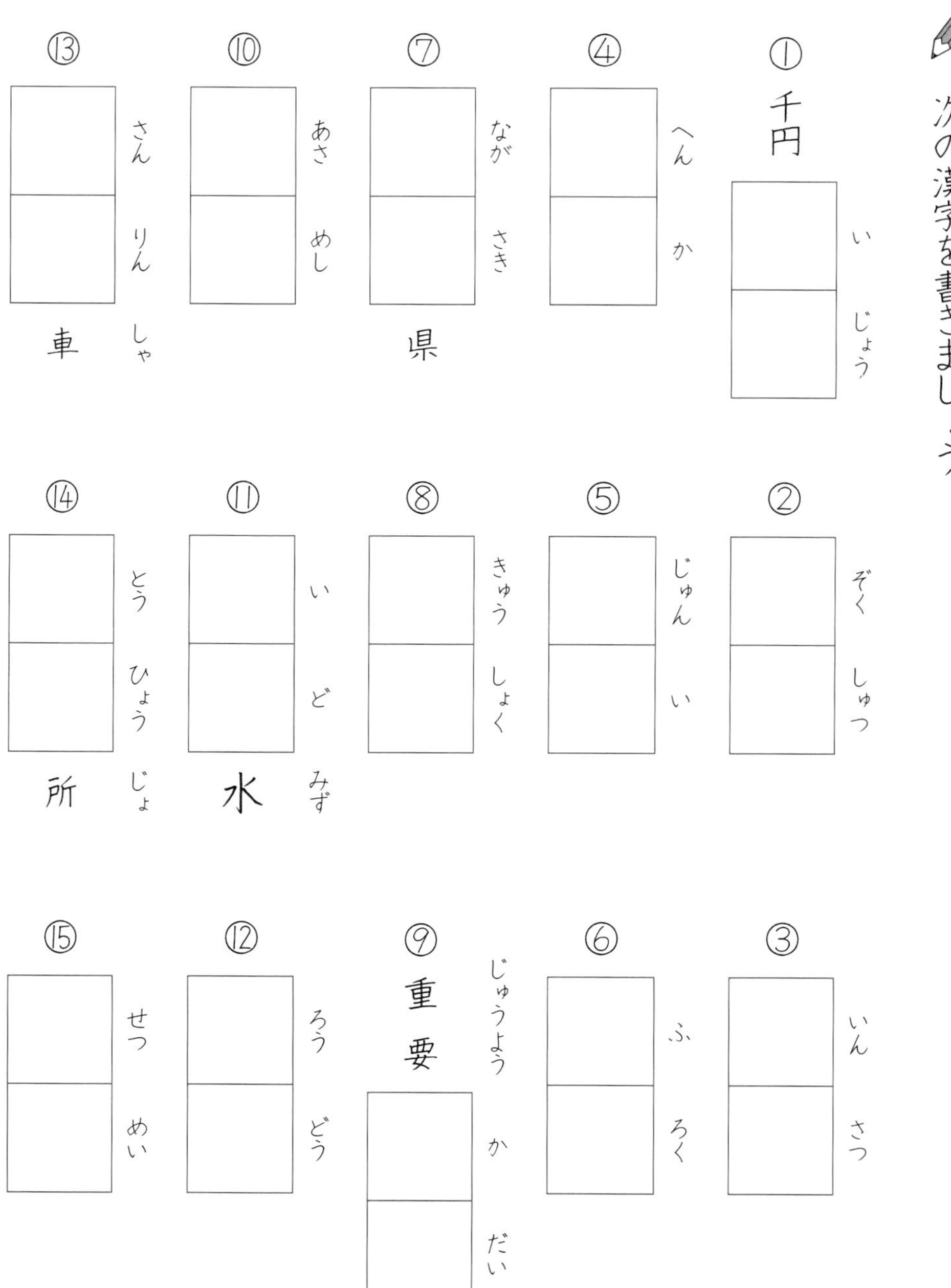

40 漢字の書き⑥

次の漢字を書きましょう。

① しんめ

② はんせい

③ べんり

④ ねんが じょう

⑤ こくみん

⑥ かんかく

⑦ むがい

⑧ ぼくじょう

⑨ まんげつ

⑩ かくじ

⑪ とくべつ

⑫ どうとく

⑬ 足の かんせつ

⑭ きょうとふ

⑮ にゅうよく

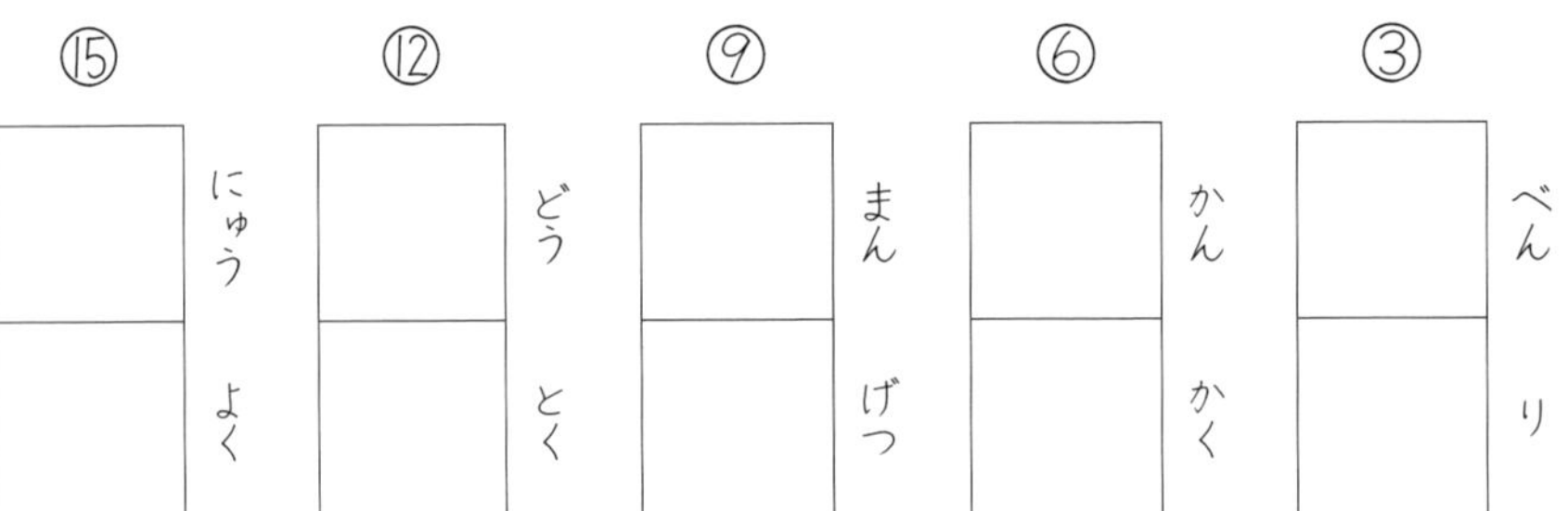

41 漢字の書き⑦

次の漢字を書きましょう。

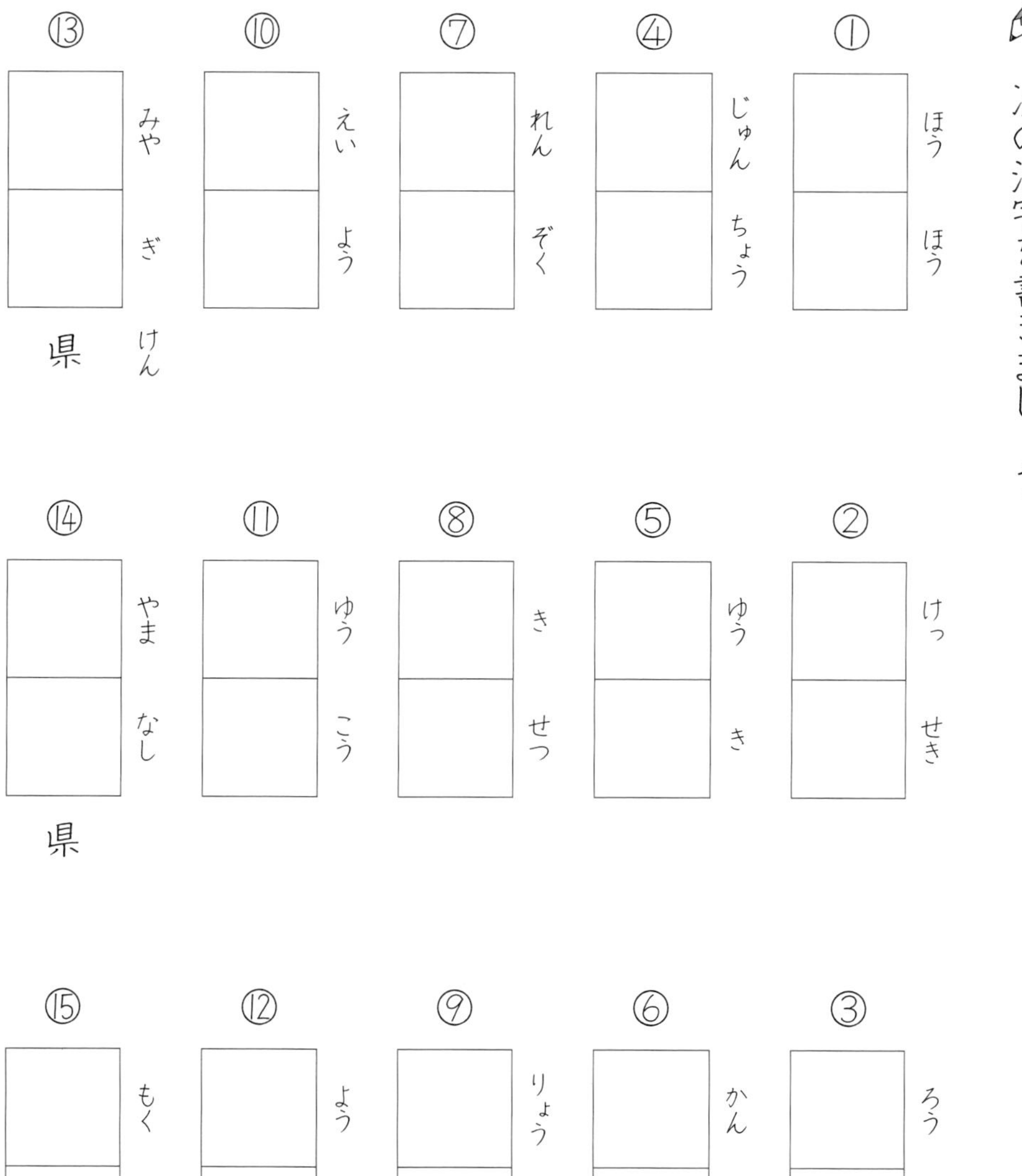

① ほう ほう

② けっ せき

③ ろう じん

④ じゅん ちょう

⑤ ゆう き

⑥ かん きゃく

⑦ れん ぞく

⑧ き せつ

⑨ りょう きん

⑩ えい よう

⑪ ゆう こう

⑫ よう きゅう

⑬ みや ぎ けん 県

⑭ やま なし 県

⑮ もく ひょう

42 漢字の書き⑧

次の漢字を書きましょう。

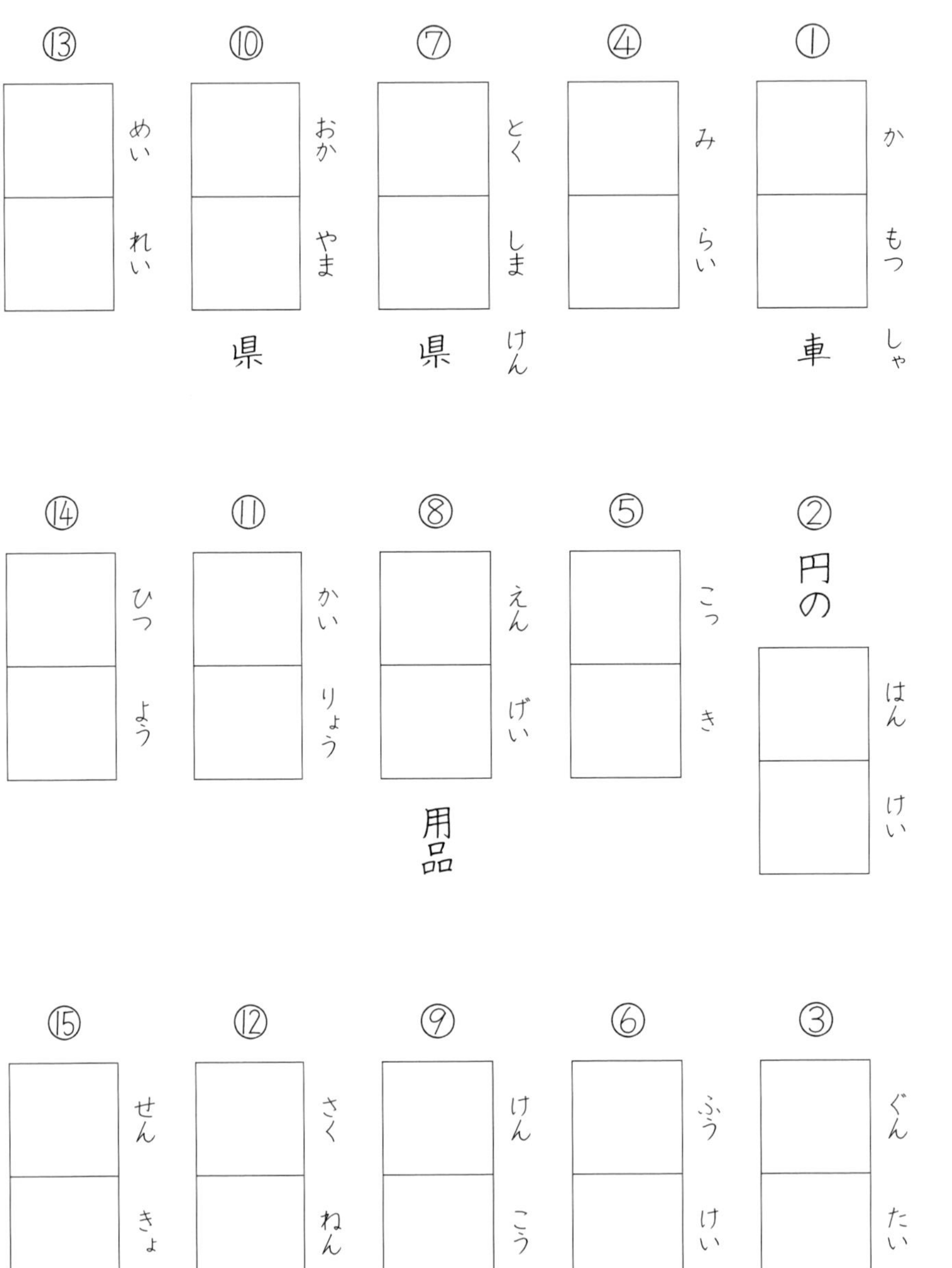

① かもつしゃ　□□車

② 円の　はんけい　□□

③ ぐんたい　□□

④ みらい　□□

⑤ こっき　□□

⑥ ふうけい　□□

⑦ とくしまけん　□□県

⑧ えんげい用品　□□用品

⑨ けんこう　□□

⑩ おかやま県　□□県

⑪ かいりょう　□□

⑫ さくねん　□□

⑬ めいれい　□□

⑭ ひつよう　□□

⑮ せんきょ　□□

43 漢字クロス①

矢印の向きに二字の熟語を[ ]から選んで作りましょう。

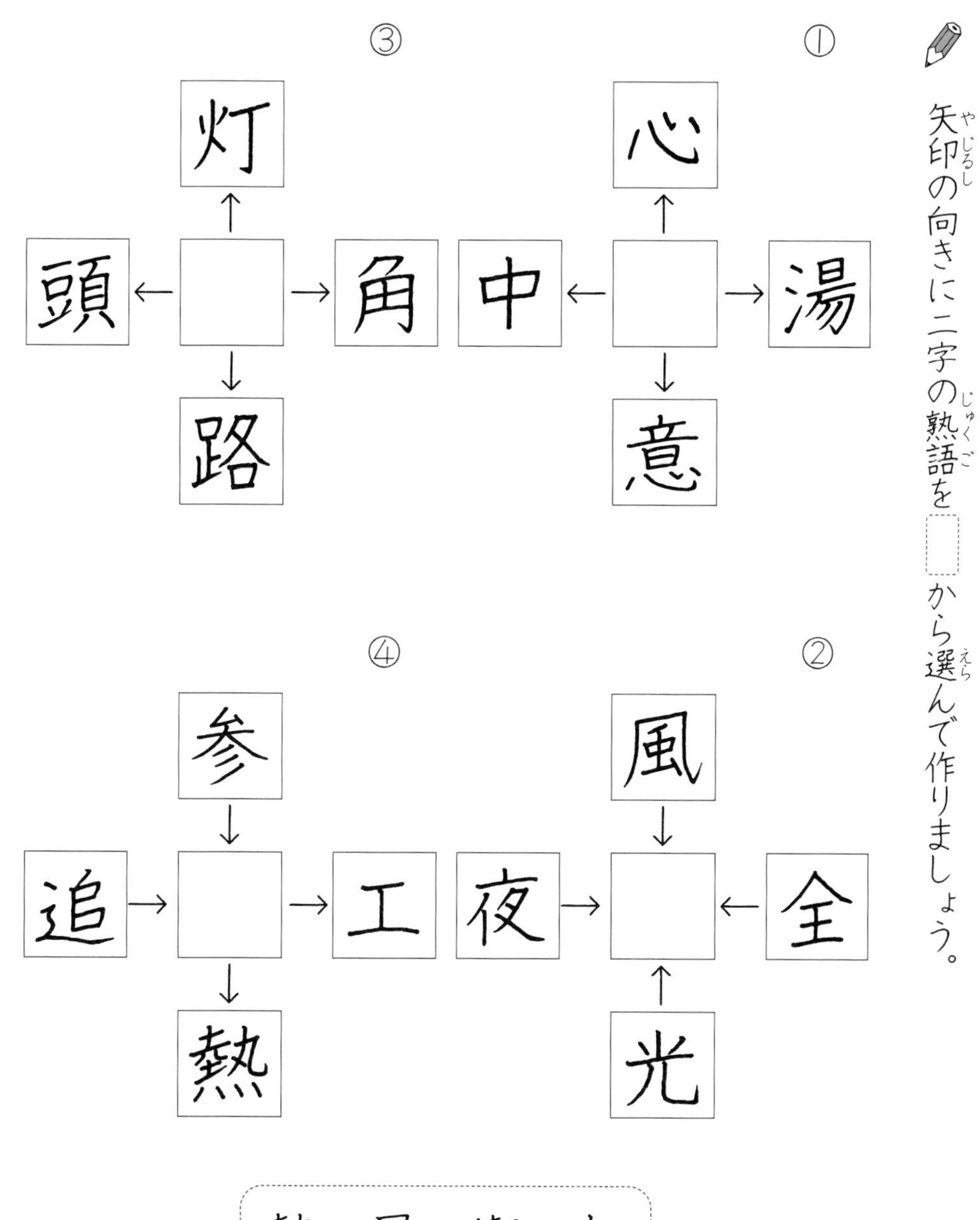

44 漢字クロス②

矢印の向きに二字の熟語を［　］から選んで作りましょう。

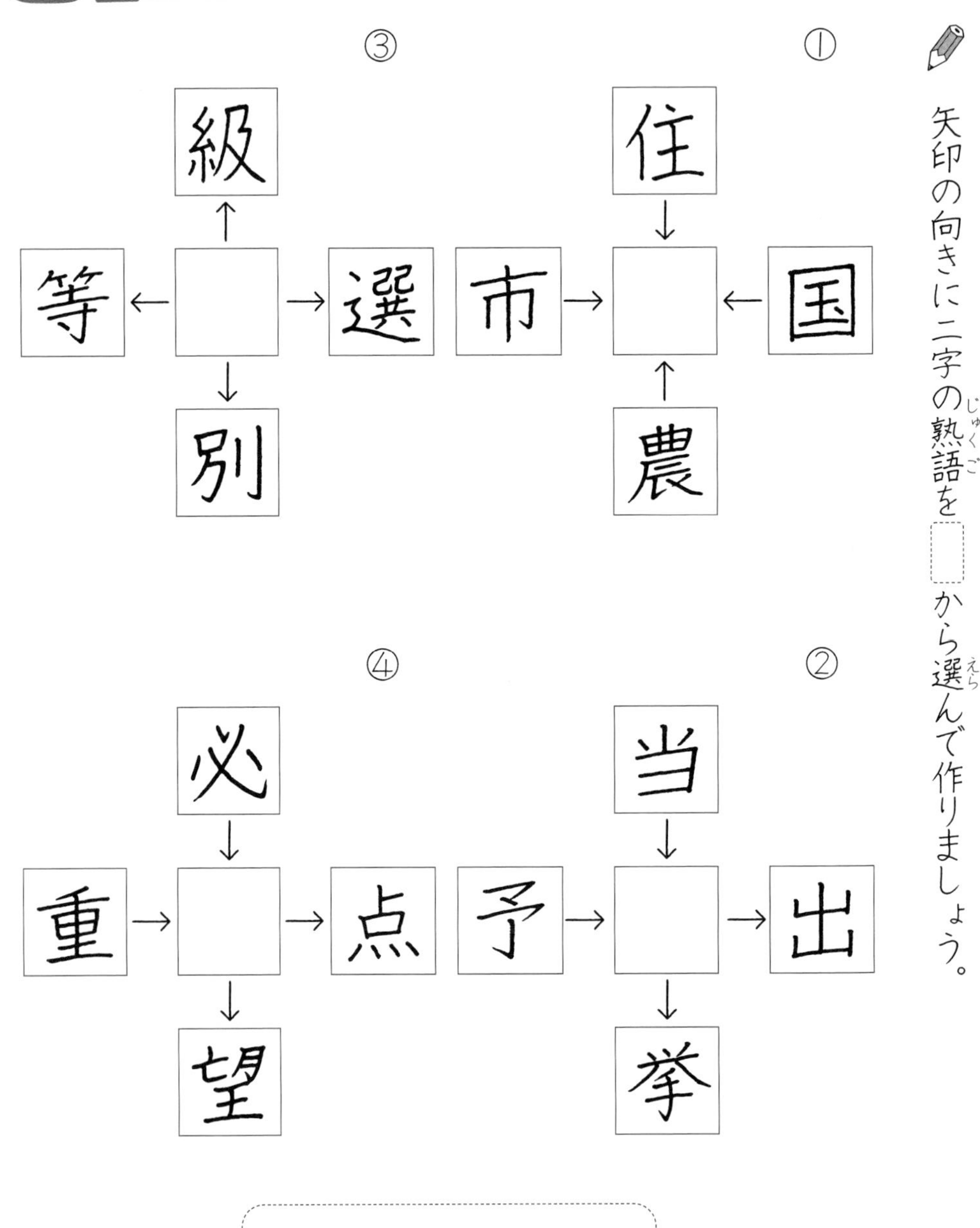

民　選　特　要

45 漢字しりとり

次の□に漢字を書きましょう。

46 漢字の読み①

次の漢字の読みがなを書きましょう。

① 固体（　　）
② 唱歌（　　）
③ 成功（　　）
④ 当然（　　）
⑤ 記録（　　）
⑥ 議会（　　）
⑦ 賀正（　　）
⑧ 司会（　　）
⑨ 生産（　　）
⑩ 試験（　　）
⑪ 課題（　　）
⑫ 改札（　　）
⑬ 労力（　　）
⑭ 希望（　　）
⑮ 井戸（　　）

47 漢字の読み②

次の漢字の読みがなを書きましょう。

①清流（　　）

②氏名（　　）

③自覚（　　）

④良好（　　）

⑤大群（　　）

⑥健康（　　）

⑦最低（　　）

⑧建国（　　）

⑨位置（　　）

⑩競争（　　）

⑪記念（　　）

⑫求人（　　）

⑬点差（　　）

⑭公害（　　）

⑮器用（　　）

48 漢字の読み③

次の漢字の読みがなを書きましょう。

① 印刷（　　）

② 街灯（　　）

③ 選挙（　　）

④ 通貨（　　）

⑤ 便利（　　）

⑥ 反省（　　）

⑦ 観察（　　）

⑧ 連結（　　）

⑨ 熱帯（　　）

⑩ 血管（　　）

⑪ 天候（　　）

⑫ 競馬（　　）

⑬ 半径（　　）

⑭ 共学（　　）

⑮ 完成（　　）

49 漢字の読み④

次の漢字の読みがなを書きましょう。

① 木材（　　）
② 兵隊（　　）
③ 参加（　　）
④ 民法（　　）
⑤ 失敗（　　）
⑥ 散歩（　　）
⑦ 初心（　　）
⑧ 号泣（　　）
⑨ 景気（　　）
⑩ 辞典（　　）
⑪ 給料（　　）
⑫ 照明（　　）
⑬ 衣類（　　）
⑭ 無敗（　　）
⑮ 特別（　　）

50 漢字の読み⑤

次の漢字の読みがなを書きましょう。

①週末（　）
②白熊（　）
③飛行（　）
④鏡台（　）
⑤陸軍（　）
⑥愛犬（　）
⑦園児（　）
⑧道徳（　）
⑨農夫（　）
⑩伝説（　）
⑪結束（　）
⑫欠席（　）
⑬以下（　）
⑭大佐（　）
⑮協力（　）

51 音読みと訓読み①

――の漢字の読みがな（音・訓読み）を（　）に書きましょう。

①
説明（　　）
説く（　　）く

②
国旗（　　）
旗（　　）

③
水道管（　　）
管をさす（　　）

④
照明（　　）
照れる（　　）れる

⑤
城下町（　　）
城がある町（　　）

⑥
海底（　　）
海の底（　　）

52 音読みと訓読み②

――の漢字の読みがな（音・訓読み）を（　）に書きましょう。

①
勇者（　　）
勇ましい（　　）

②
千円札（　　）
お札（　　）

③
熱がある（　　）
熱い（　　）い

④
成功（　　）
成す（　　）す

⑤
必勝（　　）
必ず（　　）ず

⑥
付加（　　）
付く（　　）く

53 音読みと訓読み③

——の漢字の読みがな（音・訓(くん)読み）を（　）に書きましょう。

①
塩分（　）
塩味（　）

②
分別がつく（　）
別れる（　）れる

③
倉庫（　）
大きな倉（　）

④
固体（　）
固い（　）い

⑤
無事（　）
無い（　）い

⑥
大変（　）
変わる（　）わる

54 音読みと訓読み④

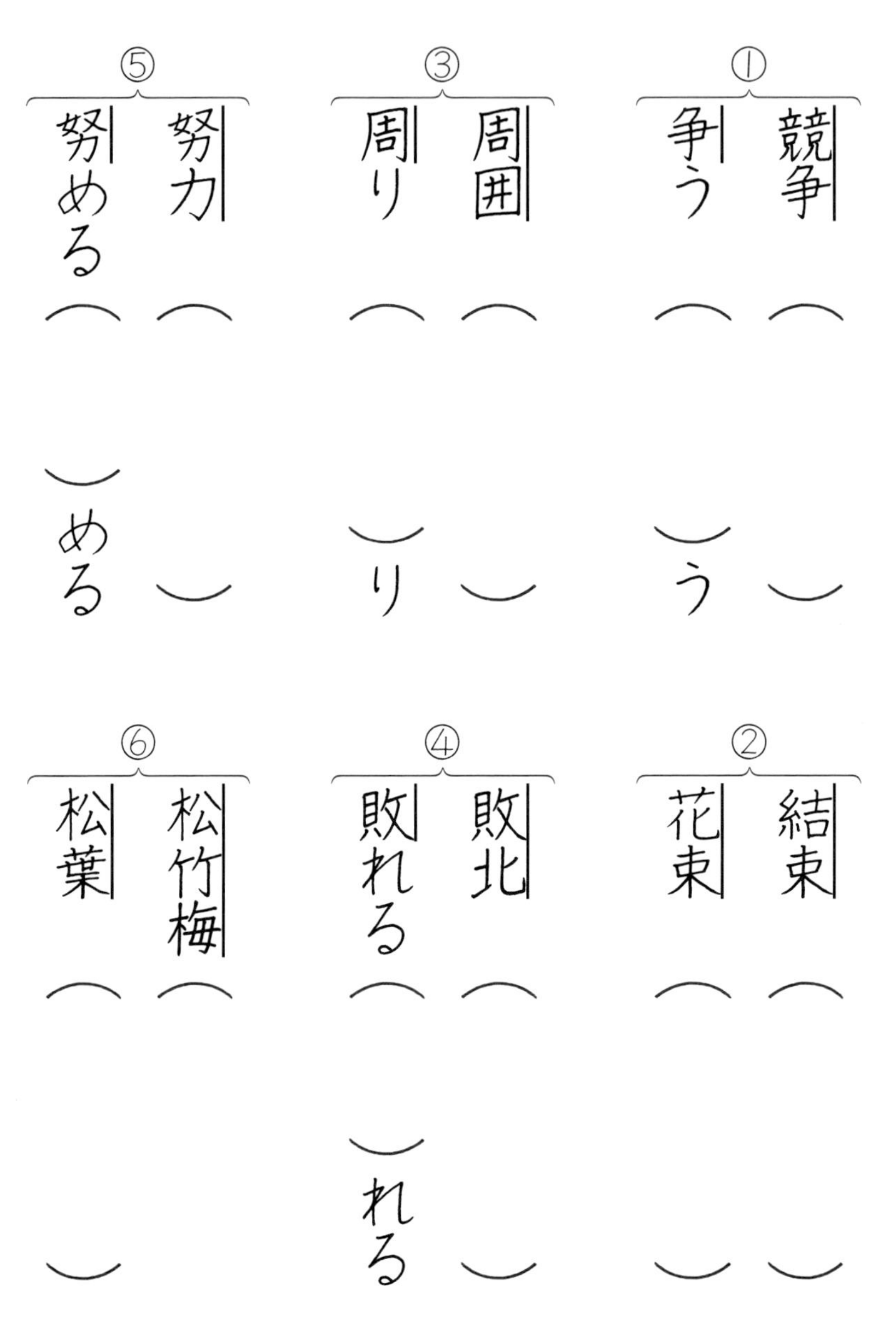

——の漢字の読みがなを（　　）に書きましょう。

①
競争（　　）
争う（　　）う

②
結束（　　）
花束（　　）

③
周囲（　　）
周り（　　）り

④
敗北（　　）
敗れる（　　）れる

⑤
努力（　　）
努める（　　）める

⑥
松竹梅（　　）
松葉（　　）

55 音読みと訓読み⑤

――の漢字の読みがなを（　）に書きましょう。

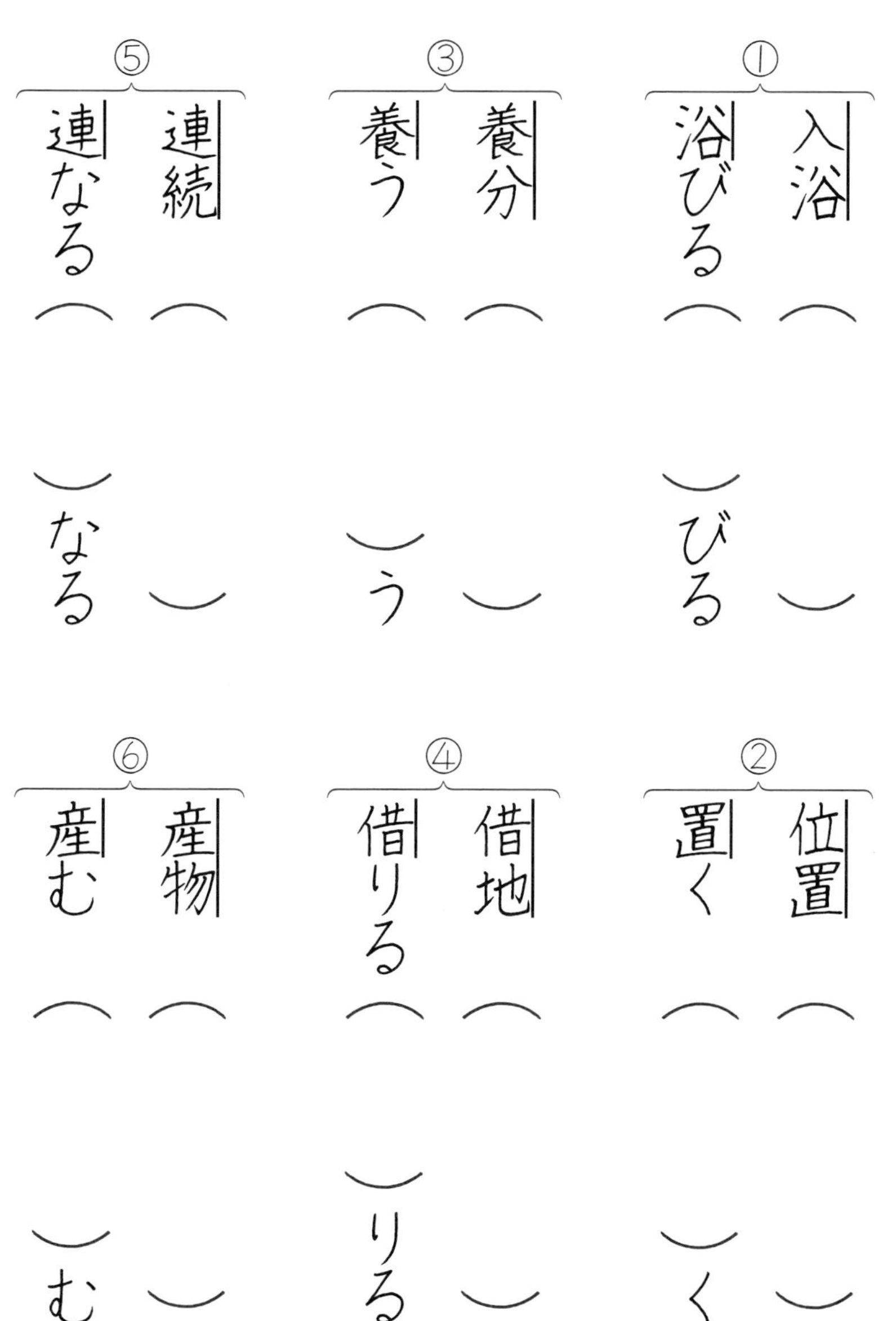

①
入浴（　）
浴びる（　）びる

②
位置（　）
置く（　）く

③
養分（　）
養う（　）う

④
借地（　）
借りる（　）りる

⑤
連続（　）
連なる（　）なる

⑥
産物（　）
産む（　）む

56 送りがな①

正しい送りがなを○でかこみましょう。

① 付
- る
- ける

② 戦
- う
- かう

③ 積
- る
- もる

④ 伝
- る
- わる

⑤ 願
- う
- がう

⑥ 省
- く
- ぶく

⑦ 唱
- る
- える

⑧ 包
- む
- つむ

⑨ 老
- る
- いる

⑩ 選
- ぶ
- らぶ

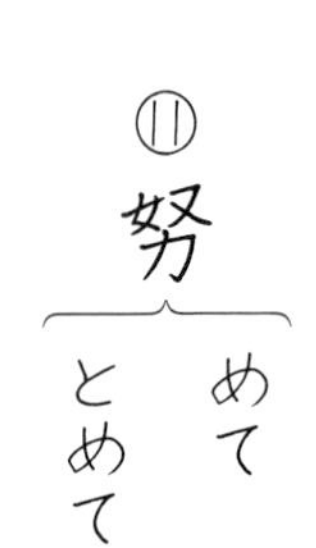

⑪ 努
- めて
- とめて

⑬ 帯
- る
- びる

57 送りがな②

正しい送りがなを○でかこみましょう。

① 試　る　／　みる

② 別　る　／　れる

③ 改　める　／　る

④ 覚　ます　／　す

⑤ 養　う　／　なう

⑥ 浴　る　／　びる

⑦ 必　ず　／　らず

⑧ 産　れる　／　まれる

⑨ 満　る　／　ちる

⑩ 静　か　／　ずか

⑪ 笑　う　／　らう

⑫ 働　らく　／　く

58 送りがな③

正しい送りがなを○でかこみましょう。

① 加
- る
- える

② 好
- む
- のむ

③ 固
- める
- ためる

④ 治
- さめる
- める

⑤ 借
- る
- りる

⑥ 量
- る
- かる

⑦ 冷
- る
- える

⑧ 建
- る
- てる

⑧ 参
- る
- いる

⑨ 結
- ぶ
- すぶ

⑨ 続
- く
- づく

⑩ 求
- める
- とめる

59 漢字の部首①

次の部首名を［　］から選んで（　）に書きましょう。

① 木（　　）

② 爫（　　）

③ 氵（　　）

④ 宀（　　）

⑤ 刂（　　）

⑥ 犭（　　）

⑦ 糸（　　）

⑧ 竹（　　）

⑨ 頁（　　）

⑩ 囗（　　）

くにがまえ　りっとう　いとへん　きへん　たけかんむり

けものへん　さんずい　おおがい　れっか（※れんが）　うかんむり

60 漢字の部首②

次の部首名を□から選んで（　）に書きましょう。

①欠（　　）

②亻（　　）

③儿（　　）

④夂（　　）

⑤忄（　　）

⑥貝（　　）

⑦广（　　）

⑧亠（　　）

⑨辶（　　）

⑩心（　　）

かい　なべぶた　ひとあし　りっしんべん　しんにょう
こころ　ぎょうにんべん　まだれ　あくび　ぼくづくり

※一つの部首にいくつか名前を持つものもあります。

61 小さい太郎の悲しみ

お花畑から、大きな虫がいっぴき、ぶうんと空に上り始めました。

体が重いのか、ゆっくり上り始めました。地面から一メートルぐらい上ると、横に飛び始めました。やはり、体が重いので、ゆっくり行きます。馬屋の角の方へⒶのろのろと行きます。見ていた小さい太郎は、えん側からⒷ飛び下りました。そしてⒸはだしのまま、ふるい（目の細かいざる）をもってⒹ追っかけて行きました。馬屋の角をすぎて、お花畑から、麦畑へ上がる、草のどての上で、虫をふせました。とってみると（①）でした。

「ああ、（①）だ。（①）をとった。」

と小さい太郎は言いました。

（新美南吉／青空文庫）

① （　）に入る言葉を選んで記号で書きましょう。

㋐ せみ

㋑ かぶと虫

㋒ バッタ

（　　）

② Ⓐ——の意味に合うものを選んで記号で書きましょう。

㋐ すばやく

㋑ ゆっくり

（　　）

③ ⒷⒸⒹ——から、太郎のどんな様子が分かりますか。

（　　　　）様子

62 はだかの王さま

とつぜん、小さな子どもが王さまに向かって言いました。
「王さま、はだかだよ。」
「……なんてこった！（Ⓐ）ちょっと聞いておくれ、むじゃきな子どもの言うことなんだ。」
横にいたその子の父親が、子どもの言うことを聞いてさけびました。そして人づたいに子どもの言った言葉がどんどん、ひそひそとつたわっていきました。（Ⓑ）
「王さまははだかだぞ！」（Ⓒ）
ついに一人残（のこ）らず、こうさけぶようになってしまいました。王さまは大弱りでした。

（アンデルセン・大久保（おおくぼ）ゆう訳（やく）／青空文庫）

---

① Ⓐ――と言った理由を選（えら）んで記号で書きましょう。

㋐ 子どもの発言で王さまがおこるのではないかと思ったから。

㋑ 自分が言おうとしていたことを先に言われてしまったから。

（　　　）

② Ⓑ――の意味を選んで書きましょう。

㋐ 大声　㋑ 小声

（　　　）

③ Ⓒ――と言われ、王さまはどうなりましたか。三文字で書きましょう。

63 トロッコ①

「おじさん。おしてやろうか？」

その中の一人、しまのシャツを着ている男は、うつむきにトロッコをおしたまま、思った通りこころよい返事をした。

「おお、おしてくよう。」

良平は二人の間にはいると、力いっぱいおし始めた。

「われはなかなか力があるな。」

他の一人、――耳にまきたばこをはさんだ男も、こう良平をほめてくれた。

その内に線路のこうはいは、だんだん楽になり始めた。「もうおさなくともよい。」――良平は今にも言われるかと Ⓐ内心気がかりでならなかった。


（芥川龍之介／青空文庫）

① 「おじさん」とはだれのことですか。

（　　　　）男

② 「われ」とは、だれですか。選んで記号で書きましょう。

㋐ トロッコをおす二人の男
㋑ トロッコをおす良平
㋒ まきたばこをはさんだ男

（　　　　）

③ Ⓐ――は、何と言われると思ったからですか。

（　　　　）

64 トロッコ②

みかん畑の間を登りつめると、急に線路は下りになった。しまのシャツを着ている男は、良平に「やい、乗れ。」と言った。良平はすぐに飛び乗った。トロッコは三人が乗りうつると同時に、みかん畑のにおいをあおりながら、ひたすべりに線路を走り出した。「おすよりも乗る方がずっとよい。」――良平はおりに風をはらませながら、当り前の事を考えた。「行きにおす所が多ければ、帰りにまた乗る所が多い。」――そうもまた考えたりした。

竹やぶのある所へ来ると、トロッコは静かに走るのを止めた。三人はまた前のように、重いトロッコをおし始めた。竹やぶはいつかぞう木林になった。

---

① 「しまのシャツを着ている男」は、どんなせいかくか、次から選んで書きましょう。

㋐ 人当たりのよいやさしいせいかく
㋑ ぶっきらぼうなせいせいかく
㋒ 内気なせいかく

（　　　　）

② ①は、どんな言葉から分かりますか。

（「　　　　」。）と言ったこと。

③ 三人は竹やぶのある所から、次はどこへ来ましたか。

（　　　　）

65 トロッコ③

三人はトロッコをおしながらゆるいけいしゃを登って行った。良平は車に手をかけていても、心は外の事を考えていた。

その坂を向うへ下り切ると、また同じような茶店があった。土工たちがその中へ入った後、良平はトロッコにこしをかけながら、帰る事ばかり気にしていた。茶店の前には花のさいた梅に、西日の光が消えかかっている。「もう日がくれる」――かれはそう考えると、ぼんやりこしかけてもいられなかった。トロッコの車輪をけってみたり、一人では動かないのをしょうちしながらうんうんそれをおしてみたり、――そんな事に気持ちをまぎらせていた。

① 「帰る事ばかり気にしていた。」のは、なぜですか。選んで記号で書きましょう。

㋐ 三人でいるのがつまらなくなったから。

㋑ ずいぶん遠くまで来てしまったから。

㋒ 自分は茶店に入れなかったから。

（　　）

② 「西日の光が消えかかっている。」から、良平のどんな気持ちが分かりますか。選んで記号で書きましょう。

㋐ うれしく楽しい気持ち。

㋑ さびしくて不安な気持ち。

㋒ はらが立ってくやしい気持ち。

（　　）

66 トロッコ④

Ⓐところが土工たちは出て来ると、車の上のまくら木(ぎ)に手をかけながら、むぞうさにかれにこう言った。

「われはもう帰んな。Ⓑおれたちは今日は向うとまりだから。」

「あんまり帰りがおそくなるとわれの家でも心配するずら。」

良平(りょうへい)は一(いっ)しゅん間(かん)あっけにとられた。もうかれこれ暗くなる事、去年のくれ母と岩村まで来たが、今日のみちはその三、四倍ある事、それを今からたった一人、歩いて帰らなければならない事、――そう言う事が一時にわかったのである。Ⓒ良平はほとんど泣(な)きそうになった。が、泣いても仕方がないと思った。

---

① Ⓐ――と近い意味の言葉はどれですか。

㋐ だから
㋑ また
㋒ しかし

（　　）

② Ⓑ――とは、だれのことですか。

（　　）

③ Ⓒ――の理由を三つ書きましょう。

もう（　　）事。

去年、岩村まで来たが、（　　）事。

今から、（　　）事。

67 花をうめる

遊びにはおのずから遊びの終わるときがくるものだが、最後（さいご）にツルと林太郎（りんたろう）とふたりで花をかくしわたしがひとりおにになった。「よし。」と言われてわたしはさがしにいったが、いくらさがしても見当たら（Ⓐ）。「もっと向こうよ、もっと向こうよ。」とツルが言うままにそのあたりをなでまわるがどうしても見当たらない。林太郎はにやにや笑（わら）って常夜燈（じょうやとう）にもたれて見ている。林太郎はただツルの花をうずめるのを見ていただけに相（そう）（ちがい）いない。「お茶わかしたよ。」ととうとう私はかぶとをぬいだ。

（新美南吉（にいみなんきち）／青空文庫）

① 登場人物を全員書きましょう。

（　　　　）（　　　　）（　　　　）

② Ⓐに当てはまる言葉を書きましょう。

（　　　　）

③ 「かぶとをぬいだ。」の意味に合うものを選（えら）んで、○をつけましょう。

㋐ こう参する。

㋑ ばかばかしい。

㋒ のどがかわいたのでお茶がほしい。

（　　　　）

68 セロ弾きのゴーシュ

クラリネットもボーボーとそれに手伝っています。

ゴーシュも口をりんと結んで目を（①）のようにして楽ふを見つめながらもう一心に弾いています。

にわかにぱたっと楽長が両手を鳴らしました。Ⓐみんなぴたりと曲をやめてしんとしました。楽長がどなりました。

「セロがおくれた。トォテテ　テテテイ、ここからやり直し。はいっ。」

みんなは今の所の少し前の所からやり直しました。ゴーシュはⒷ顔をまっ赤にしてひたいにあせを出しながらやっと今言われたところを通りました。

（宮沢賢治／青空文庫）

① （　）に入る言葉を選んで記号を書きましょう。

㋐ 板　㋑ 皿　㋒ 氷

（　　）

② Ⓐ――は、楽長が何に気づいたからですか。

（　　）が（　　）から。

③ Ⓑ――は、どんな様子を表していますか。選んで記号を書きましょう。

㋐ はずかしい

㋑ いっしょうけんめい

㋒ 暑くてかなわない

（　　）

69 赤いろうそくと人魚

中にはどうかしてそのむすめを見たいと思って、ろうそくを買いに来たものもありました。

おじいさんや、おばあさんは、

Ⓐ「うちのむすめは、内気ではずかしがりやだから、人さまの前には出ないのです。」

と言っていました。

おくの間でおじいさんは、せっせとろうそくをつくっていました。むすめは、自分の思いつきで、きれいな絵をかいたら、みんながよろこんで、ろうそくを買うだろうと思いましたから、そのことをおじいさんに話しますと、Ⓑそんならおまえの好きな絵を、ためしにかいてみるがいいと答えました。

（小川未明／青空文庫）

---

① Ⓐ——のせいかくが分かる言葉を書きましょう。

・□□

・□□□□□□□□

② おくの間でのおじいさんの様子を書きましょう。

（　　　）と（　　　）いました。

③ Ⓑ——の、「おまえ」とはだれのことですか。

（　　　）

④ おじいさんの家は、何を売るお店をしていますか。

（　　　）

70 さくらさくら（童よう）

Ⓐさくら　さくら
野山も　里も
見わたす　かぎり
かすみか　雲か
朝日ににおう
さくら　さくら
Ⓑはなざかり

（日本古謡）

①　Ⓐ――は同じ言葉を重ねています。どのような意味がこめられていますか。二つ選んで○をつけましょう。

㋐（　）さくらが一面にさいている様子が想ぞうできるように。

㋑（　）さくらが散るのを悲しいと思えるように。

㋒（　）リズムがよくなるように。

②　Ⓑ――は、どんな意味ですか。正しいものに○をつけましょう。

㋐（　）花がきれいにさいている様子

㋑（　）花が散っていく様子

㋒（　）花がこれからさこうとする様子

71 お米のおかし

お米から作られたおかしに、せんべい、おかき、あられの三つがあります。

この三つのちがいを知っていますか。せんべい、おかき、あられのちがいは、原料(げんりょう)です。

三つとも原料は米ですが、せんべいの材料(ざいりょう)はわたしたちがふつうに食べるうるち米で、おかきとあられはもち米です。うるち米から作るせんべいはかためで、もち米のおかきとあられはふくらみやすく、やわらかく感じます。

そして、あられとおかきのちがいは大きさです。大きいものがおかきで、小さいものがあられとよばれます。

作り方や、塩味(しおあじ)やしょうゆ味、あまさなどの味つけとは関係(かんけい)がありません。

---

① お米から作られたおかしは何とよばれていますか。三つ書きましょう。

（　　　）（　　　）（　　　）

② せんべいの材料は何ですか。

（　　　）

③ せんべいの特長(とくちょう)は何ですか。

（　　　）

④ あられとおかきのちがいは何ですか。文章から書きぬきましょう。

（　　　）

72 レンコンのあな

レンコンを食べたことがあるでしょう。レンコンにはあながいくつかあいていますね。あのあなは何のためにあいているのでしょうか。

レンコンは、ハスという植物の根の部分です。ハスは池やぬまのどろの中に生えています。植物も空気が必要ですが、ハスは、どろの中の根から空気を取り入れることができません。

だから、地上に出ている葉から空気を取り入れます。その空気の通り道として、レンコンにはあながあいているのです。

また、レンコンのあなはほとんどが十こです。真ん中に一こ、まわりに九こあります。レンコンを食べる前に、一度たしかめてみてください。

① レンコンは何という植物のどの部分ですか。

植物名 [　　]　部分 [　]

② ハスは、どこから空気を取り入れますか。

（　　）

③ レンコンのあなの役わりは何ですか。

[　　　　　　]

④ レンコンのあなの数は何こですか。

ほとんどが（　　）

73 グレープフルーツ

みなさんは、くだもののグレープフルーツは好きですか。

「グレープ」という名前が入っていますが、グレープフルーツはぶどうの仲間ではなく、実はみかんの仲間なのです。

では、なぜグレープという名前がつくのでしょうか。

それは、グレープフルーツは一つのえだに実がいくつもでき、その実の重さでえだがたれ下がり、その様子が、まるでぶどうのふさのように見えるからその名前がついたと言われています。

また、香りがぶどうににているところから、グレープフルーツという名前がついたとも言われています。

---

① グレープフルーツは何の仲間ですか。

（　　　　　　）

② グレープフルーツのえだは何の重みでたれ下がりますか。

（　　　　　　）

③ その様子は、何のようでしたか。

（　　　　　　）

④ 香りが何ににていると言われていますか。

（　　　　　　）

⑤ この文章は、全部で何だん落ですか。

（　　　　　　）

74 あせはなぜ、出るの？

暑い日や運動をするとあせが出ます。どうしてあせが出るのでしょうか。

あせは、熱くなった体の温度を下げるという役目をしています。ひふの上であせがじょう発するときに、体の熱をうばって冷やしてくれるのです。Ⓐ夏に道路に打ち水をするとすずしく感じるのと同じです。そのおかげで、体温を一定にたもつことができます。

あせをかくのは、人間だけだとも言われています。犬はしたを出し、ハアハアと息をして体の熱を下げています。

夏の暑い日でも長時間のマラソンを走ることができるのは、人間にあせが出る体のしくみがあるからです。

---

① あせにはどんな役目があると書かれていますか。

（　　　　　　　　　　　　　　）という役目

② Ⓐとありますが、次の言葉は、それぞれ何の例えでしょうか。

道路　↓（　　　　）

打ち水↓（　　　　）

③ 犬は、何を出して体の熱を下げますか。

（　　　　）

75 時計のはり

時計のはりは右回りです。右回りのことを時計回りとも言います。

機械（きかい）の時計ができるまでは、日時計が使われていました。日時計はかげの動きで、時こくを表します。太陽が東から西へ動くと、Ⓐ日時計のかげは右回りに動きます。時計のはりも、この日時計のかげの動きと同じように右回りになりました。

Ⓑただし、地球の北半球では日時計のかげは右回りですが、南半球では左回りになります。そこからわかることは、機械の時計のはりが右回りなのは、時計を作ったのが、（④）に住んでいる人だということです。

---

① 右回りのことを何とも言いますか。

（　　　　）

② Ⓐ——は、太陽が何をするからですか。

（　　　　）から。

③ Ⓑ——と同じ意味を選（えら）んで、記号を書きましょう。

㋐ ところで

㋑ しかし

㋒ そのため

（　　　　）

④ （　）にあてはまる言葉を書きましょう。

[　　　]

76 かぜを引くと

どうして、かぜを引くと熱（ねつ）が出るのでしょうか。

かぜを引くと、体の中に「かぜのウイルス」が入ってきます。そうすると、血えきの中にある白血球が、ウイルスをやっつけようとたたかいます。

ウイルスは、体温が高くなるとあまり動けなくなります。反対に、白血球は元気になります。

つまり、かぜを引くと熱が出るのは、体の中で白血球がウイルスとたたかっているからなのです。

熱が出たときは、ふとんで横になり体を休めましょう。白血球を助けて、早く良くなることにつながります。

---

① かぜを引くと、体の中に何が入ってきますか。

（　　　　　　）

② 血えきの中にある何が、①とたたかいますか。

（　　　　　　）

③ かぜを引くと熱が出るのは、なぜですか。

（体の中で　　　　　　から。）

④ 熱が出たときは、どうするとよいですか。

（　　　　　　）

77 ねこは寒さに弱いの？

童ようの「雪」には、「犬はよろこび庭かけ回り、ねこはこたつで丸くなる」という歌（か）しがあります。

Ⓐねこは寒さに弱いのでしょうか。

実は、ねこは犬と同じくらい寒さには強い動物なのです。

ねこは、ふだんからあまりあせをかかないため、Ⓑ体内の熱（ねつ）を体外に出すことがありません。（③）、寒さには強いのです。

また、寒い時期には高カロリーのものを進んで食べて、寒さをしのいでいます。

では、Ⓒ雪の日にねこがこたつで丸くなっているのはなぜでしょうか。

それは、寒い日にわざわざ体を動かして、体力を使うことのないようにしているのです。

---

① Ⓐ——の答えを書きましょう。

ねこは（　　　　　　　　）。

② Ⓑ——は、なぜですか。

（　　　　　　　　）ため。

③（　）にあてはまる言葉を、書きましょう。

④ Ⓒ——の理由を書きましょう。

（　　　　　　　　）から。

78 お金を作るためのお金

お金を作るのには、当然ですが、お金がかかります。では一体、どれぐらいお金がかかるのでしょうか。

「一円玉を作るのに、三円かかる。」ということは、知っている人がいるかもしれません。では、他のお金はいくらかかるのでしょうか。それは、

五円玉を作るのに、十円。
十円玉を作るのに、十三円。
五十円玉を作るのに、十二円。
百円玉を作るのに、十五円。
五百円玉を作るのに、二十円かかります。

さらに、紙へいの一万円札、五千円札、千円札は、どれも十七円かかるのです。

---

① 五百円玉を作るには、いくらかかりますか。

（　　　）

② 「作るためのお金」の方が高くなるのは、何円玉ですか。

（　　　）（　　　）（　　　）

③ 「さらに」の役わりで正しいものを選んで書きましょう。

㋐ 前の内ように付け加えている
㋑ 前の内ようとは反対の内ようが続く
㋒ 前の内ようとは話題が大きく変わる

（　　　）

④ 紙へいを作るには、いくらかかりますか。

（　　　）

79 なぜ、アンデスメロン？

みなさんは、「アンデスメロン」というメロンを食べたことがありますか。

この名前を聞いて、南アメリカにあるアンデス地方が原産だと思っている人もいるかもしれません。

じつは、このメロンは、今から約五十年前にできた日本産メロンなのです。

このメロンは、作りやすくて、病気にも強く、たくさんとれて、手ごろなねだんで買うことができます。

農家の人は安心して作れるし、買う人も安心して買えるということから、はじめは、「アンシンデス・メロン」と言われ、「アンデスメロン」になったそうです。

---

① アンデスメロンは、「いつ」「どこで」できましたか。

いつ（　　　　　　　　）

どこで（　　　　　　　　）

② アンデスメロンの長所を四つ書きましょう。

（　　　　　　　　）（　　　　　　　　）

（　　　　　　　　）（　　　　　　　　）

③ アンデスメロンははじめ、何と言われていましたか。

（　　　　　　　　）

80 学校の先生の仕事

みなさんが下校した後も、先生は、学校で仕事をしています。小学校の先生は、じゅ業の他に、どんな仕事をしているのでしょうか。

テストの丸つけをしたり、ノートをチェックしたり、次の日のじゅ業のじゅんびをします。

また、遠足や運動会などの行事について先生たちで話し合ったり、学校をよくするために、Ⓐおうちや地いきの人と話し合ったりもします。

楽しいじゅ業にするため、Ⓑみんなで勉強もします。学校とは別（べつ）の場所で、勉強をすることもあります。

先生は、学校をよくするために、いろいろな仕事をしているのです。

---

① この文は全部で何だん落ありますか。

（　　　）だん落

② 第二だん落に書いてある先生の仕事を三つ書きましょう。

㋐（　　　）

㋑（　　　）

㋒（　　　）

③ Ⓐ――をするのは、なぜですか。

（　　　）ため。

④ Ⓑのみんなでとは、だれのことですか。

（　　　）

答え

1 [1] ① ㋒
② ㋐
③ ㋑
[2] ① ㋒
② ㋑
③ ㋐

2 [1] ① あひる
② じゆう
③ コーヒー
[2] ① あめ 4
あまど 3
あまぐも 1
あまだれ 2
② ボール 4
ボウル 3
ぼうし 2
ぼう 1
③ きょうぎ 1
きょうし 3
きょうざい 2
ぎょうじ 4

3 ① ㋑
② ㋐
③ ㋒

4 ① 宀 ㋑
② イ ㋔
③ 車 ㋕
④ シ ㋐
⑤ 山 ㋓
⑥ 心 ㋒

5 ① シュウ 11
② シキ 6
③ キュウ 10
④ ショウ 12
⑤ ク 4
⑥ ト・ツ 11

6 ① ㋐ 1
② ㋑ 8
③ ㋒ 4
④ ㋓ 2

7 ① ㋐ つちへん・土
㋑ 13
㋒ エン
㋓ しお
② ㋐ きへん・木
㋑ 9
㋒ エイ
㋓ さか（える）
は（え）・は（える）

8 [1] ㋑
[2] ① たぬき
② たか
③ 鳥

答え

9 ① ㋒
② ㋐
③ ㋑
④ ㋓

10 ① 転んでからつえをついても役に立たないように、失敗する前から気をつけておくことが大切。
② 他の人の行いを見て、自分の行いを直せるところがあれば直すことが大切。
③ 一回目や二回目に失敗したとしても、三回目はうまくいくということ。
④ 急ぐからといって、あぶない近道を選ぶよりも、少し遠くても安全な道を通る方が早いということ。

11 ① 冷たい石に３年すわれば温かくなるように、がまんすれば良い結果になるということ。
② 今さえ良ければ、後はどうなってもかまわないという無せきにんな様子。
③ 馬に念仏を聞かせても、まったく聞こうとしないのと同じで、人の意見を聞き流すこと。
④ 強いおにに金ぼうを持たせるように、強い者がさらに強くなること。

12 [1] ① 4
② 7
③ 9
[2] ㋐

13 ① ㋒
② ㋑
③ ㋐
④ ㋓
⑤ ㋔

14 ①――㋓
②――㋔
③――㋐
④――㋒
⑤――㋑

15 ① ㋔
② ㋒
③ ㋑
④ ㋓
⑤ ㋐

16 ① 妹が
② ねこが
③ 花が
④ 子どもが
⑤ 鳥が

17 ① 落ちている
② 借りました
③ さいた
④ 行っている
⑤ おいしいよ

答え

18
① 小さな
② とても
③ おいしそうに
④ かわいい
⑤ きのう、動物園に

19
① 太陽が
② 流れている
③ 地面が
④ 遊びたい
⑤ けむりが　ゆれる

20
① ぼうしの　男の子は　弟です。
② 庭の　花が　きれいです。
③ 学校の　給食員さんは　作る
④ ぼくの　父は　作りました。

21
① ㋐ 消した
㋑ 消さない
㋒ 消そう
② ㋐ 歩いた
㋑ 歩かない
㋒ 歩こう

22
① たのんだ
② 買った
③ 行った
④ 近づいた
⑤ あった
⑥ こぼした

23
① なぜなら
② それに
③ だから
④ そのうえ
⑤ しかし

24
① だから
② ので
③ が
④ と
⑤ し

25
①――㋒
②――㋔
③――㋑
④――㋐
⑤――㋓

26
① 短歌
② 七・七　三十一音
③ 季節

27
① 山
② もみじ
③ 鹿
④ 悲しさ

28
① ㋒
② ㋐
③ ㋑

答え

29
① あめ
② いか
③ ねこ
④ きって
⑤ がっこう
⑥ らっこ
⑦ おとうさん
⑧ さんすう
⑨ そうじ
⑩ ぱんや
⑪ せんえん
⑫ はんにん

30
1
① tanuki
② ningyô
③ koppu
④ benkyô
⑤ tyûsya
⑥ kingyo

2
① asitaha tesutowo ganbarou.
② kokugono zyugyouga aru.

31
① 静岡県
② 新潟県
③ 岐阜県
④ 福井県
⑤ 富山県

32
① 栃木県　埼玉県
② 群馬県
③ 神奈川県
④ 茨城県
⑤ 千葉県

33
① 佐賀県
② 長崎県
③ 宮崎県
④ 熊本県　鹿児島県
⑤ 沖縄県

34
① 滋賀県
② 大阪府
③ 奈良県
④ 兵庫県
⑤ 和歌山県

35
① 周辺　② 英語　③ 熱帯
④ 大漁　⑤ 共働　⑥ 最大
⑦ 木材　⑧ 競争　⑨ 願望
⑩ 結果　⑪ 衣類　⑫ 愛用
⑬ 希望　⑭ 機械　⑮ 血管

36
① 食塩　② 完成　③ 差別
④ 司会　⑤ 答案　⑥ 市街
⑦ 愛媛　⑧ 湖底　⑨ 参加
⑩ 街角　⑪ 辞典　⑫ 合唱
⑬ 散歩　⑭ 成功　⑮ 試験

37
① 協力　② 利用　③ 決戦
④ 祝福　⑤ 漁業　⑥ 残念
⑦ 失礼　⑧ 照明　⑨ 大臣
⑩ 氏名　⑪ 最初　⑫ 香川
⑬ 南極　⑭ 大陸　⑮ 信用

答え

38
① 表札　② 節目　③ 卒業
④ 安静　⑤ 野菜　⑥ 会議
⑦ 治安　⑧ 食器　⑨ 右側
⑩ 建国　⑪ 包帯　⑫ 底辺
⑬ 訓練　⑭ 自然　⑮ 倉庫

39
① 以上　② 続出　③ 印刷
④ 変化　⑤ 順位　⑥ 付録
⑦ 長崎　⑧ 給食　⑨ 課題
⑩ 朝飯　⑪ 井戸　⑫ 労働
⑬ 三輪車　⑭ 投票　⑮ 説明

40
① 新芽　② 反省　③ 便利
④ 年賀　⑤ 国民　⑥ 感覚
⑦ 無害　⑧ 牧場　⑨ 満月
⑩ 各自　⑪ 特別　⑫ 道徳
⑬ 関節　⑭ 京都府　⑮ 入浴

41
① 方法　② 欠席　③ 老人
④ 順調　⑤ 勇気　⑥ 観客
⑦ 連続　⑧ 季節　⑨ 料金
⑩ 栄養　⑪ 友好　⑫ 要求
⑬ 宮城　⑭ 山梨　⑮ 目標

42
① 貨物　② 半径　③ 軍隊
④ 未来　⑤ 国旗　⑥ 風景
⑦ 徳島　⑧ 園芸　⑨ 健康
⑩ 岡山　⑪ 改良　⑫ 昨年
⑬ 命令　⑭ 必要　⑮ 選挙

43
① 熱
② 景
③ 街
④ 加

44
① 民
② 選
③ 特
④ 要

45
① 熱戦 → 戦争 → 争議 → 議長
② 続出 → 出席 → 席順 → 順位
③ 特別 → 別表 → 表札 → 札束
④ 参観 → 観戦 → 戦国 → 国民
⑤ 残念 → 念願 → 願書 → 書類

46
① こたい
② しょうか
③ せいこう
④ とうぜん
⑤ きろく
⑥ ぎかい
⑦ がしょう
⑧ しかい
⑨ せいさん
⑩ しけん
⑪ かだい
⑫ かいさつ
⑬ ろうりょく
⑭ きぼう
⑮ いど

答え

47
① せいりゅう
② しめい
③ じかく
④ りょうこう
⑤ たいぐん
⑥ けんこう
⑦ さいてい
⑧ けんこく
⑨ いち
⑩ きょうそう
⑪ きねん
⑫ きゅうじん
⑬ てんさ
⑭ こうがい
⑮ きよう

48
① いんさつ
② がいとう
③ せんきょ
④ つうか
⑤ べんり
⑥ はんせい
⑦ かんさつ
⑧ れんけつ
⑨ ねったい
⑩ けっかん
⑪ てんこう
⑫ けいば
⑬ はんけい
⑭ きょうがく
⑮ かんせい

49
① もくざい
② へいたい
③ さんか
④ みんぽう
⑤ しっぱい
⑥ さんぽ
⑦ しょしん
⑧ ごうきゅう
⑨ けいき
⑩ じてん
⑪ きゅうりょう
⑫ しょうめい
⑬ いるい
⑭ むはい
⑮ とくべつ

50
① しゅうまつ
② しろくま
③ ひこう
④ きょうだい
⑤ りくぐん
⑥ あいけん
⑦ えんじ
⑧ どうとく
⑨ のうふ
⑩ でんせつ
⑪ けっそく
⑫ けっせき
⑬ いか
⑭ たいさ
⑮ きょうりょく

答え

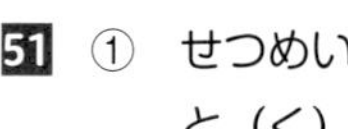

51 ① せつめい
と（く）
② こっき
はた
③ すいどうかん
くだ
④ しょうめい
て（れる）
⑤ じょうかまち
しろ
⑥ かいてい
そこ

52 ① ゆうしゃ
いさ（ましい）
② せんえんさつ
（お）ふだ
③ ねつ
あつ（い）
④ せいこう
な（す）
⑤ ひっしょう
かなら（ず）
⑥ ふか
つ（く）

53 ① えんぶん
しおあじ
② ふんべつ
わか（れる）
③ そうこ
くら
④ こたい
かた（い）
⑤ ぶじ
な（い）
⑥ たいへん
か（わる）

54 ① きょうそう
あらそ（う）
② けっそく
はなたば
③ しゅうい
まわ（り）
④ はいぼく
やぶ（れる）
⑤ どりょく
つと（める）
⑥ しょうちくばい
まつば

55 ① にゅうよく
あ（びる）
② いち
お（く）
③ ようぶん
やしな（う）
④ しゃくち
か（りる）
⑤ れんぞく
つら（なる）
⑥ さんぶつ
う（む）

答え

56
① 付ける ② 戦う ③ 積もる
④ 伝わる ⑤ 願う ⑥ 省く
⑦ 唱える ⑧ 包む ⑨ 老いる
⑩ 選ぶ ⑪ 努めて ⑫ 帯びる

57
① 試みる ② 別れる ③ 改める
④ 覚ます ⑤ 養う ⑥ 浴びる
⑦ 必ず ⑧ 産まれる ⑨ 満ちる
⑩ 静か ⑪ 笑う ⑫ 働く

58
① 加える ② 好む ③ 固める
④ 治める ⑤ 借りる ⑥ 量る
⑦ 冷える ⑧ 建てる ⑨ 結ぶ
⑩ 求める ⑪ 参る ⑫ 続く

59
① きへん
② れっか（れんが）
③ さんずい
④ うかんむり
⑤ りっとう
⑥ けものへん
⑦ いとへん
⑧ たけかんむり
⑨ おおがい
⑩ くにがまえ

60
① あくび
② ぎょうにんべん
③ ひとあし
④ ぼくづくり
⑤ りっしんべん
⑥ かい
⑦ まだれ
⑧ なべぶた
⑨ しんにょう
⑩ こころ

61
① ㋑
② ㋑
③ 急いでいる

62
① ㋐
② ㋑
③ 大弱り

63
① しまのシャツを着ている
② ㋑
③ 「もう　おさなくとも　よい。」

64
① ㋑
② 「やい、乗れ。」
③ ぞう木林

65
① ㋑
② ㋑

66
① ㋒
② 土工たち
③ かれこれ暗くなる（事）
今日のみちはその三、四倍ある（事）
たった一人、歩いて帰らなければならない（事）

答え

67 ① ツル　林太郎　わたし
② ない
③ ㋐

68 ① ㋑
② セロ（が）おくれた（から）
③ ㋐

69 ① ・内気　・はずかしがりや
② せっせ（と）ろうそくをつくって（いました）。
③ むすめ
④ ろうそく

70 ① ㋐、㋒
② ㋐

71 ① せんべい、おかき、あられ
② うるち米
③ かため
④ 大きさ

72 ① 植物名　ハス　部分　根
② 地上に出ている葉
③ 空気の通り道
④ 十こ

73 ① みかん
② （いくつもできた）実
③ （まるで）ぶどうのふさのよう。
④ ぶどう
⑤ 四だん落

74 ① 熱くなった体の温度を下げる（という役目）
② 道路 → ひふ
打ち水 → あせ
③ した

75 ① 時計回り
② 東から西へ動くから
③ ㋑
④ 北半球

76 ① かぜのウイルス
② 白血球
③ （体の中で）白血球がウイルスとたたかっている（から）
④ ふとんで横になり体を休める。

77 ① （ねこは）犬と同じくらい寒さには強い。
② あまりあせをかかないため。
③ だから
④ （寒い日にわざわざ体を動かして）体力を使うことのないようにしている（から）。

78 ① 二十円
② 一円玉　五円玉　十円玉
③ ㋐
④ 十七円

答え

79 ① いつー今から約五十年前
どこでー日本
② 作りやすい　病気に強い
たくさん　とれる　手ごろなねだん
③ アンシンデス・メロン

80 ① 五だん落
② テストの丸つけ
ノートのチェック
次の日のじゅ業のじゅんび
③ 学校をよくする（ため）
④ 先生たち